U0022195

11

奢侈的女人

明清時期江南婦女的消費文化

巫仁恕
———
著

三民書局

國家圖書館出版品預行編目資料

奢侈的女人：明清時期江南婦女的消費文化 / 巫仁恕著.
－－二版二刷.－－臺北市：三民，2019
面；　公分.－－(文明叢書：11)
參考書目：面

ISBN 978-957-14-6442-8　(平裝)
1. 經濟史 2. 婦女 3. 明代 4. 清代

552.296　　　　　　　　　　　　　　　　107010594

ⓒ　奢侈的女人
　　——明清時期江南婦女的消費文化

著 作 人	巫仁恕
總 策 劃	杜正勝
執行編委	林富士
編輯委員	王汎森　李建民　康　樂
發 行 人	劉振強
著作財產權人	三民書局股份有限公司
發 行 所	三民書局股份有限公司
	地址　臺北市復興北路386號
	電話　(02)25006600
	郵撥帳號　0009998-5
門 市 部	(復北店) 臺北市復興北路386號
	(重南店) 臺北市重慶南路一段61號
出版日期	初版一刷　2005年1月
	初版三刷　2013年5月修正
	二版一刷　2018年8月
	二版二刷　2019年9月
編　　號	S 630160

行政院新聞局登記證局版臺業字第○二○○號

有著作權．不准侵害

ISBN　978-957-14-6442-8　(平裝)
http://www.sanmin.com.tw　三民網路書店

文明叢書序

　　起意編纂這套「文明叢書」，主要目的是想呈現我們對人類文明的看法，多少也帶有對未來文明走向的一個期待。

　　「文明叢書」當然要基於踏實的學術研究，但我們不希望它蹲踞在學院內，而要走入社會。說改造社會也許太沉重，至少能給社會上各色人等一點知識的累積以及智慧的啟發。

　　由於我們成長過程的局限，致使這套叢書自然而然以華人的經驗為主，然而人類文明是多樣的，華人的經驗只是其中的一部分而已，我們要努力突破既有的局限，開發更寬廣的天地，從不同的角度和層次建構世界文明。

　　「文明叢書」雖由我這輩人發軔倡導，我們並不想一開始就建構一個完整的體系，毋寧採取開放的系統，讓不同世代的人相繼參與，撰寫和

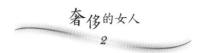

編纂。長久以後我們相信這套叢書不但可以呈現
不同世代的觀點，甚至可以作為我國學術思想史
的縮影或標竿。

2001 年 4 月 16 日

自　序

　　婚前和女友在臺北市頂好商圈逛街，對我而言除了炫目的顏色以外，實在沒有什麼樂趣可言。那段年輕的歲月裡，有閒沒錢，就像古代的窮秀才，除了讀書以外多的是時間，卻身無分文，自然也無法體驗所謂「購物」或「消費」的樂趣。畢業後有了穩定的工作，可是當拿到薪水的幾個月後仔細地推敲一番，才發現即使有了這份過去令人稱羨的職位，想要靠它的薪水在臺北市從容地生活，真可說是：「長安居，大不易也！」雖然如此，我仍然會狠心地花錢購買過去視為「奢侈品」的東西，尤其是衣服。

　　這樣的生活經驗不禁讓我想到我研究歷史的這個老本行，我開始思考中國歷史上人們的消費行為與消費文化，特別是我的專業領域：明清史。業師徐泓教授很早就注意到晚明消費風氣出現的

變化，他的宏文〈明代社會風氣的變遷——以江、浙地區為例〉已經為明清消費史的研究提供了重要的架構與問題意識。在碩士班的時候讀這篇論文，並沒有太多的心得。但隨著年歲的增長以及生活經歷的加深，對於明清消費史的興趣愈來愈濃，對這篇經典文章的體會也愈深。我想進一步地觀察明清時期人們日常生活中的消費行為，同時也想瞭解當時和我處境相似的窮秀才，在面對消費社會時如何自處。於是我想那就先從衣服下手吧！我開始著手研究寫成〈明代平民服飾的流行風尚與士大夫的反應〉一文，後來又陸續寫了幾篇跟消費有關的研究，包括了晚明盛行的乘轎與旅遊文化，這些研究成果為這本書奠定了背景基礎。

結婚後陪老婆大人逛街不再是無趣的事，反而經耳濡目染後，逐漸領略所謂流行時尚的意義。尤其見識到了女人的購物行為後，讓我開始對女性在消費中的地位，抱著高度的好奇心。在閱讀

近代西方婦女史的研究之後，我才瞭解近代百貨
公司的興起和婦女的消費行為息息相關，消費文
化甚至影響了婦女群體的凝聚力與認同感。這些
研究在在都說明婦女的消費文化，在歷史上的重
要性不容忽視，這也是過去男性史家所輕忽的一
方面。我所服務的中央研究院近代史研究所，是
國內婦女史研究的重鎮。同仁的研究氣氛更鼓勵
我跨出男性的腳步，進入婦女的歷史中。去年受
邀為日本《中國史學》期刊撰稿，我嘗試性地寫
了一篇研究討論，名為〈婦女與奢侈──一個明
清婦女消費研究史的初步檢討〉。完稿後頗覺得意
猶未盡，又逢林富士學長的熱情邀約，於是我以
原著為藍本，再增補資料擴大成本書。

　　需要說明的是本書主標題名為「奢侈的女
人」，並非貶抑婦女同胞之意，這裡的「奢侈」並
非負面之詞，以此為標題正是要反映婦女的消費
所具有的特殊意義與重要性，往往超越男人的消
費。本書並沒有結論，因為這個課題尚未有定論，

這個領域的研究也還待開發。本書只是作為拋磚
引玉之用,希望能引起讀者的興趣,也企望未來
有更多相關的研究問世。

巫仁恕

2004 年歲末書於南港

奢侈的女人

——明清時期江南婦女的消費文化

緒　論

　　談到中國婦女在歷史上的地位，很難擺脫五
四以來的影響。五四時期的新文化運動從開始就
批判傳統的三綱五常，然後是三從四德、男女有
別、女子貞操、女子教育、婚姻與家庭、財產繼
承與不纏足等，一個個被提出來討論。新文化運
動的倡導者在攻擊禮教、批判傳統之外，最大的
目的是建立合乎時代需要的新道德。但是在他們
批判傳統的過程中，卻相當程度簡化了傳統婦女
的形象，使我們以為傳統婦女在「吃人的禮教」
束縛之外，不能參加政治活動，無法自由就業，
婚姻不能自主，只能困於家中等刻版印象。在當
時的言論提到中國早期的朝代，也許還不會完全
是負面評價；但是每當評論到明清時代的婦女地

位,則都是一片撻伐聲。魯迅在〈我之節烈觀〉一文中,談到歷史上的節烈問題時,他指出由漢至唐也並沒有提倡節烈,到宋代一班「業儒」才說出「餓死事小,失節事大」的話。「此後皇帝換過了幾家,守節思想倒反發達。皇帝要臣子盡忠,男人便愈要女子守節。」接著他又提到了清代的發展:

> 到了清朝,儒者真是愈加厲害。看見唐人文章裡有公主改嫁的話,也不免勃然大怒道:「這是什麼事!你竟不為尊者諱,這還了得!」假使這唐人還活著,一定要斥革功名,「以正人心而端風俗」了。

五四時期隨著知識界對婦女問題的重視,有學者也開始研究婦女史,陳東原的《中國婦女生活史》可以說是第一部問世的中國婦女史專書,也是此時期的代表作。在他的書中呈現了中國婦

女過去三千年的歷史，就是一部婦女在宗法的組織排擠下而被摧殘的歷史。他認為自從漢代嚴重禮制之後，南北朝時婦女之被蹂躪達到極點，而宋代婦女的地位尤其急轉直下，不但儒者重貞節，男性都形成了對處女的嗜好。明代末葉有了「女子無才便是德」的諺語，清代對婦女更是「把二千多年來的生活加重地重演一番」。書中特別強調明清婦女生活的部分，關於貞節的宗教化、女子無才、罰良為娼、妻不如妾、處女的檢查、崇拜小腳、女教之嚴等方面描述甚多。他在〈緒論〉中對傳統婦女作一個短評：

> 使女子無職業、無知識心、無意志、無人格，作男子的奴隸，作一人專有的玩物，摧殘自己以悅媚男子的，原來是男尊女卑的結果；習之既久，認為固然，又變成為一切行動的原因。

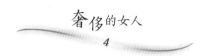

如此一來傳統婦女被摧殘壓迫的形象更加具體化。

筆者無意要批判此書內容與觀點，畢竟該書是一個時代下的產物，但想說的是傳統婦女的生活史在此書所呈現的，只是歷史中的一部分面向，而非全部。誠如英國著名史家湯普森 (E. P. Thompson) 在 《共有的習慣》 (*Customs in Common*) 一書中，有篇關於英國十八世紀買賣妻子習俗的研究，文中的一句名言：

> 如果一個人在男人與女人間所能發現的關係只是父權制，那麼他可能正在錯過其他重要的東西。

本書的目的之一，就是希望跳脫出父權觀念的思惟，以呈現明清婦女生活的另一面。

關於奢侈方面，中國歷代雖然都曾出現奢侈的現象，但是到了明清時期奢侈風氣出現了空前

的高峰，而受到更多的關注。關於明清奢侈消費的歷史作用，有許多學者延續著歷史傳統的觀點，將奢侈視為浪費，於是評論時總是帶著道德判斷，當然奢侈的意義也受到質疑。學者們的負面評價，一是從資本積累與流通的角度來看，認為這樣的奢侈消費並沒使積累的資本與財富投入到再生產上面，只限於流通領域而未轉化到生產領域，對社會經濟不但沒有幫助，反而是造成社會貧困化。一是從國家經濟的角度來評論，認為這種奢侈性消費把更多的人吸引到奢侈品的生產和奢侈服務業上來，晚明社會的商業繁榮與手工業作坊的興起，在很大的程度上是屬於這種奢侈品流通與生產的發展，而對小農經濟是嚴重的衝擊，也對國家賦稅財政造成極負面的影響。上述的觀點其實並沒有從傳統農本思想的框框跳出來。

近年對明清奢侈風氣的研究已有不少從具體的歷史分析提出正面的評價，首先是學者們從社會思想層面肯定奢侈消費，它對城鄉過剩的勞動

力提供了就業機會是有正面的作用，這也就是所謂的「奢易治生」之說。其次，奢侈消費對工商業的影響也有學者持較正面的看法，認為奢侈風氣的盛行增加了人們對社會產品的需求，擴大了商品市場，從而刺激了商品的生產和流通。奢侈風氣還刺激了手工藝業的進步與特色產品的產生，所以當時出現了一批能工巧匠，以及經營特產品的著名店號；其結果是使手工業和商業內部分工愈來愈細，也加劇了產品之間的競爭。再者，奢侈消費的發達所造成的影響，不僅僅是經濟層面，還包括制度與社會層面的影響。亦即奢侈消費不但使得社會上對手工業或手工藝製品的需求快速增長，工藝技術有所改良，而且也造成工匠從業人數的增長，官手工業與匠籍制度的解體，手工業與手工藝者的社會地位也得到提升。

至今為止婦女與奢侈這兩方面的研究成果可說是非常豐碩，但似乎還未有交集之處。奢侈消費的研究從未想到婦女的角色與地位，而婦女史

的研究議題也沒有涉及到消費。我們不禁要問，「撐起半邊天」的婦女們，在明清時期盛行的奢侈風氣之中的重要性如何？婦女也從事奢侈消費嗎？如果有的話，那麼婦女為何有能力消費奢侈品？婦女的奢侈消費對當時兩性關係有什麼樣的衝擊？婦女的奢侈消費對當時的流行風尚與產業結構有什麼樣的作用？本書一方面希望從消費的角度，來觀察明清婦女的生活與地位；另一方面也希望從婦女的角度，來加深我們對明清奢侈消費的認識。

這裡附帶要交代的是本書所謂的「江南」地區，指的是包括明清的蘇州、松江、常州、鎮江、應天（即南京，清代改名江寧）、杭州、嘉興、湖州等八府，以及清代由蘇州府劃出的太倉州。雖然在明清時期稱「江南」的定義頗廣，但是當時一般心目中較常將上述八府一州視為江南。一則因為就地理而言，這八府一州具有相當的完整性，自然與生態條件相似，又同屬太湖水系。再者，

這八府一州的經濟發展水平相近，彼此間的經濟聯繫十分緊密，可以說已經構成一個經濟上的整體。此外，上述江南地區附近還有一些大城市，如揚州的經濟水準可與江南地區的城市並駕齊驅，在本書中也會提及。

明清奢侈消費的風氣

明清奢侈消費的現象

　　明清時期形成的奢侈消費風氣，在時間與空間的發展上是有一段波折起伏。最早是在明正統至正德年間 (1436–1521) 由經濟最進步的江南地區開始出現變化，嘉靖 (1522–1566) 以後奢侈風氣漸漸明顯化，而其他的地區則是要到萬曆 (1573–1619) 以後才開始變化。在經濟較落後的地區則是只在大城市中才出現類似的現象。到清初因為天災人禍以及清政府強化禮法的政策，使得奢侈風氣稍衰，但是江南地區在順治 (1644–1661) 後期又開始出現奢靡的現象，直到康熙

(1662–1722) 朝中期奢侈風氣再次逐漸地瀰漫開來，至於其他內地的省分大約到雍正 (1723–1735) 朝以後社會風氣才開始走向奢靡。由此看來，江南地區無論在明代或是清代，都是消費風氣最早出現變化，也是消費文化最發達的地區。

明末清初文獻中所見的奢侈消費行為，呈現在食、衣、住、行等日常生活的各個方面。就以飲食的奢侈情形而言，江南地方志中的〈風俗志〉經常提到宴會文化從明前期到中期以後的變化，指出在明前期宴會場合下，食材不太講究，菜餚種類並不多、數量也不大，而到明中葉以後則漸趨華侈。上層階級宴會的奢侈消費更顯突出，原有固定形式的宴會變得愈加複雜且頻繁，而且宴客費用非常昂貴，食材也不只是肉類而已，就連珍貴的燕窩、魚翅都出現了。宴會的過程不只是吃而已，還有優伶演劇作為娛興節目，就連飲食的食具器皿也很講究，如用木漆果山盛堆成浮屑的樣子，用小磁碟盛蔬菜，用攢盒盛小菜，而且

為了美觀都會以木漆架架高。這樣的情形到清中葉依舊如此，而且清代相較於明代，除了同樣強調菜餚的數量之外，似乎對烹調技術的重視更是變本加厲。

再者，住宅方面在明清江南也逐漸走向奢華。明初官民居住的房子頗為樸素，到明中葉以後則出現變化。如常州府江陰縣，據方志的記載在明初時，「民居尚儉樸，三間五架制，甚狹小」。但是到成化 (1465–1487) 以後，「富者之居，僭侔公室」。（嘉靖《江陰縣志》卷四）在這波風氣中江南的縉紳士大夫是帶動者，當時人云：「縉紳喜治第宅」，只要是官罷年衰，囊橐滿盈之後，就會窮極土木，廣侈華麗，以明得志。明清時期一般縉紳士大夫在宅第營治的花費，少者約數十兩白銀，多者至數千兩。最奢華的莫過於營建園林了，尤其是江南地區的私人園林更居國中之首，園林之好幾乎風靡了江南所有的城鎮，僅嘉定縣城與所屬之南翔鎮就有十餘所園林。一園之設，少則白

銀千兩，多者至有萬金之響。即使是當時的名宦
如祁彪佳 (1602–1645) 也難以免俗，他在鄉居時
極力地在寓山營建園林。他自述兩年來「摸索牀
頭金盡，略有懊悔喪意」，但仍積極營建，即使有
友人寫信批評他，他依舊故我，自云：「此開園之
癡癖也。」

服飾方面，在衣料上明中葉以後江南地區逐
漸開始追求「羅綺紬緞」等高級品，至清中葉日
常衣料像是木棉與麻布等，皆已成了人們不屑用
的衣料，人們喜好穿的是綢、紗、緞等高級的絹
織品，而冬季崇尚穿著的是狐或貂等高級的皮毛
衣料，就像道光《雙鳳里志》的記載，正所謂：
「今則非羔裘不禦寒，非綢綾不見客。」在衣服
的式樣上也是不斷地追求新花樣，「務窮珍異」，
「歲變月新」。就連帽子與鞋履都追求時髦，當然
價格也不斐。

車輿方面，本來明清官方明訂只有三品以上
的高級官員得乘坐轎子，武官與下層官員以及一

般的庶民百姓是不可以乘轎的，但是明中葉以後
乘轎愈加普遍。像是明人何良俊 (1506-?) 在《四
友齋叢說》一書，記其聞見當時已有舉人乘轎的
情形，「轎邊隨從約有二十餘人，皆穿新青布衣，
甚是赫奕」。在南京還有武職違制乘轎者，他形容
凡是在道路上見有轎子「帷幔鮮整、儀從赫奕
者」，乘坐者必定是駐守南京的武官——兵馬指揮

乾隆時英使馬戛爾尼和他的使臣們到中國時，也嘗到清
朝高官才能享受的八人大轎，他們事後的回憶錄寫著：
「大轎用淺黃色的布幔，配上玻璃的窗子。八個人抬著，
另外八個人靠近地走著，準備替換。」上圖是十九世紀
西方人筆下描繪的八人大轎。

使。到清代無論是有職無職，或文官武官，皆可用轎，只是有大小轎子、四人八人轎之分。此外，別的交通工具上也是務求華麗舒適，如江南流行的畫舫，常成為商人誇富的展示工具，而明清的士大夫凡是稍有資財者，莫不自購遊船或畫舫，以之作為交通或旅遊的工具。如明人王臨亨(1548-1601)《粵劍編》曾記載有個胡氏營造的畫舫，「放舟水中央，清風徐來，暗香逆鼻，綠葉紅葩，簇簇迎人，似牽遊袂而不捨者」。

奢侈品成為日常用品

明清時期奢侈消費呈現了幾個重要的特徵，這些特徵說明了此時期的發展超越前代的地方。第一個特徵就是過去被視為奢侈品的東西，逐漸成為一般庶民的日常用品。這種現象在服飾的消費方面最為明顯。在晚明蘇州府常熟縣的方志中，就記載當地衣服料子的變化：「往時閭井間衣服強

半布褐」,「今則夏多紗穀,冬或重裘」。原屬於奢侈性的衣服飾品之所以會轉變成日常用品,最大的原因就是價格上由昂貴逐漸下跌成一般商品的價格。例如在松江府地區盛行的 「瓦楞騣帽」,在嘉靖初年只有生員能戴,

上圖為明末清初流行的瓦楞帽。

至二十年後則富民也用之。不過有能力購買者仍是非常少見,因為價格騰貴。直到萬曆年間以後,因為價格大跌,所以不論是貧富,都戴起瓦楞騣帽。同樣的情形在浙江杭州府地區也曾出現,當地在嘉靖中期時瓦楞帽價值四、五兩,非富室不能戴 ,至萬曆三十八年(1610)後所值已不過是一、二錢而已,即使乞丐也都用。清初松江人葉夢珠在其著的《閱世編》一書中,提到當時流行一種帽頂飾有長纓的涼帽 ,一頂價格高達三十餘兩,為當途顯要者所愛用,但是他接著又說:

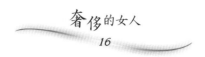

> 第恐習俗移人，幾年之後，染販者廣，價
> 必漸減，效顰者又將爭起耳。

他已經意識到這種高單價的帽子，在大量生產後價格必定大跌，屆時一般庶民愛好者必定爭相購買。

葉夢珠的《閱世編》還記錄了其他許多奢侈商品從明末到清初的價格變化，包括絨布、葛布、眼鏡、磁器等等。如以明朝時最貴的衣料大絨為例，精細的姑絨每匹長十餘丈，價值百金，只有富貴之家用之。但是到清中葉時價格大減，所值不過一、二十金一匹。又如明朝只有縉紳士大夫所穿的葛布，價格甚貴；自清順治以後，「服葛者日眾，而葛價亦日賤」。眼鏡在明末以製自西洋者最佳，每副價值四、五兩銀，「非大有力者不能致也」。但是順治以後，價格漸賤，每副不過五、六錢。後來在蘇、杭都有製造者，各地皆有販賣，人人可得，每副值銀最貴者也只不過七、八分而

已。海内馳名的露香園顧氏刺繡，向來價格最為昂貴，只要是尺幅精細者，就要值銀幾兩，而全幅高大者，不啻數金。至清中葉大量生產與商品化之後，價值遞減，全幅者不過一金上下，而絕頂細巧者，也只不過二、三金，若是四、五尺幅者，不過五、六錢一幅而已。至於磁器的價格，在明末崇禎初時頗為低廉，但到順治初與三藩之亂時價格曾兩度上漲，「最醜者四、五分銀一隻，略光潤者，動輒數倍之」；這使得人們盛用菜餚的容器，不得不退而求其次，「富者用銅、錫，貧者用竹、木為製。然而所盛饌餚，不堪經宿，洗滌亦不能潔，遠不如磁器之便。」至康熙二十年(1681)三藩之亂底定，窰器復美，價亦漸平，最上品價格不過銀一錢一隻而已。由此可見在當時消費的需求促進了商品的大量產銷，進而也使過去的奢侈品逐漸降低價格，走向平民化的趨勢，成為一般人都能買得起的日常用品。

市場購物頻率的增高

明清的奢侈消費現象中也可以看到另一個特徵，就是人們消費行為的變化。過去有許多日常用品是在家庭內自己製造的，如今都成了市場上的商品，可以輕易地在市場中購得，所以人們從市場上消費購物的頻率愈來愈高。明人顧起元(1565-1628)在《客座贅語》中指出晚明南京城內市場變化的情形：

> 邇來則又衣絲躡縞者多，布服菲屨（按：指麻鞋）者少，以是薪粲而下，百物皆仰給於貿居。

他的觀察指出因為大家都喜歡買高級的製品，所以市場供銷愈加熱絡，商人也就特別容易以此致富。到了清代還有進一步地發展，清人陳祖范

(1676–1754)《陳司業集》就提到蘇州府常熟縣的
情形如下：

> 往時衣服多布葛，冬寒絕少裘者；今出必
> 重裘以為美觀，餘時非羅綺不御矣。往時
> 履襪之屬出女紅，今率百諸市肆矣。往時
> 茶坊酒肆無多，家販脂脯者，恆慮不售；
> 今則遍滿街巷，旦旦陳列，暮輒罄盡矣。

他的觀察指出了該地消費行為的三大變化，一是
購買與穿著服飾的奢侈品漸漸成為風氣；其次是
過去家庭自製的鞋襪，漸漸在市場店鋪中都可以
買到；三是作為飲食消費的茶坊酒肆，也逐漸增
多了。上述同樣的現象也發生在小市鎮中，如清
代乾隆 (1736–1795) 時期的浙江嘉興府桐鄉縣轄
下有個濮院鎮，據濮院鎮的方志記載，該地服飾
消費從過去到現在有極大的差異：

疇習冬衣只綿袍綿掛，表用濮綢。近則各
色皮裘咸備，洋呢羽毛，日多一日矣。前
輩襪履多家造者，近無論大小人家，都向
市舖，購買新樣，備極工巧。

這種現象的出現，和明清時期城市化與商品
化的發展息息相關。明清的江南本是當時經濟的
重心，至明朝中葉已成為商品經濟發展最先進的
地區，不但大城市數量最多，而且市場愈加繁榮。
像是南京人口曾達到百萬人，蘇州與杭州城市人
口亦有五、六十萬之譜。以大城市為中心的商品
經濟擴散的結果，不但府城、縣城，而且城郊村
市也繁榮起來。在明中葉以後，特別是在萬曆時
期，江南地區的小市鎮如雨後春筍般地大量出現，
許多是由鄉村的小市集逐漸演變成數百家，或至
數千、數萬戶的市鎮，而且還形成像是糧食、絲
織與棉織業等專業市鎮。到清代乾隆時期又一次
發展的高峰，江南市鎮的成長數量幾乎是明代二

圖為明人所繪之「南都繁會圖」，描繪明代南京城內街道店鋪的情景，圖中有一鞋店，招牌掛著專賣「京式靴鞋店」。

圖為清人徐揚繪之「姑蘇繁華圖」，圖中乃描繪蘇州江蘇總藩衙門附近的靴鞋店，招牌上還有「三進齋」，可能是該店的商標。

茶肆、茶坊、茶樓與茶館等在明清的城鎮很普遍，不但是提供休息飲茶的場所，也是閒暇無事的人們、洽談生意的商人、炫富耀貴的豪紳與好風雅的士人聚會之地。圖左為《金瓶梅詞話》中茶坊的插圖，圖右為清末小說《學究新談》第十八回的茶樓插圖。

到三倍。城市化現象的背後是城市聚集了大量非農業人口，形成了消費大軍；再加上隨著商品經濟的發展後，全國的市場網絡逐漸成型，不但提供了更便利的消費機制，同時也會促進人們大量的消費。而當人們習慣於大量奢侈消費的風氣後，消費行為也會隨之改變，如此又會反過來帶動市

場的擴大與商品經濟的發展。

奢侈消費的普及化

　　明清的奢侈消費風氣與前代比較的話，我們會發現過去的奢侈行為大多只局限於上層社會的極少數人，如高官貴族或少數的大富豪；然而明清的奢侈風氣，卻是普及到社會的中下層。就像萬曆《重修崑山縣志》所說的，該地往昔人有恆產，多奢少儉；「而今又非昔比矣」，「邸第從御之美，服飾珍羞之盛，古或無之。甚至儲隸賣傭，亦泰然以侈靡相雄長，往往有僭禮踰分焉。」明中葉以後松江府上海縣的情形也是：「市井輕佻，十五為群，家無擔石，華衣鮮履」。由此可見，就算是一般的奴僕商販或是市井小民，都有經濟能力效法上層社會的奢侈消費。

　　李漁 (1611–1679)《閒情偶寄》就曾形容當時貧賤之家往往效顰於富貴之家，見富戶崇尚穿著

綺羅，必定會尋覓綺羅以肖之，而視布帛衣服為
賤品；見富貴家崇尚珍珠翡翠，就學著以假珠翠
代替，鄙視金玉為平常。可說是「事事皆然，習
以成性」。葉夢珠回憶到明末清初松江府爭逐服飾
內裝奢華的原因：

> 原其始，大約起于縉紳之家，而婢妾效之，
> 寖假而及于親戚，以逮鄰里。富豪始以創
> 起為奇，後以過前為麗，得之者不以為僭
> 而以為榮，不得者不以為安而以為恥。或
> 中人之產，營一飾而不足，或卒歲之資，
> 製一裳而無餘，遂成流風，殆不可復，斯
> 亦主持世道者所深憂也。余幼所聞，內飾
> 猶樸。崇禎之際，漸即于侈，至今日而濫
> 觴極矣。

這段引文說明了當時服飾風尚受到富貴縉紳家的
影響，再由其家的妻妾、婢女將此風傳播到親戚、

鄰里，就連一般百姓也紛紛效法他們，在服飾裝扮上務求奢華。

奢侈消費的普及不只是在服飾方面，又例如宴會的奢侈風氣，不但吹到了有錢人之家，使得富室請客宴會力求鋪張奢華，甚至中產之家也群起效尤。如萬曆《嘉定縣志》就說：「若夫富室召客，頗以飲饌相高。水陸之珍，常至方丈。至于中人亦慕效之，一會之費，常耗數月之食。」葉夢珠的回憶也提到了肆筵設席，江南地區向來以豐盛成俗，縉紳之家或宴請官長，一席之間的水路珍饈多至數十種。即使是士庶及中人之家，遇有新婚筵席，也有多至二、三十品者，而一般尋常之宴會至少是十餘品。

再如住宅方面，就連一般百姓中產之家，只要稍有資財也會花錢營治第宅，如明人顧起元《客座贅語》中描寫正德以前的南京，房屋矮小，廳堂多在後面；「或有好事者，畫以羅木，皆樸素渾堅不淫。」但是到了嘉靖末年，「士大夫家不必

言，至於百姓有三間客廳費千金者，金碧輝煌，高聳過倍，往往重檐獸脊如官衙然，園囿僭擬公侯。下至勾闌之中，亦多畫屋矣。」營建園林也不再是士大夫的專利，明人何喬遠 (1557-1633) 就說：「凡家累千金，垣屋稍治，必欲營治一園。」(《何翰林集》卷十二) 明清江南私人園林非常多，其中也有許多是商人所營造的，除了資本雄厚的大鹽商以外，也有小商人。如清人錢泳 (1759-1844) 在《履園叢話》中，記載一則嘉定小商人營建園林的故事。故事的主角嘉定人張丈山，本是以貿遷為業，雖然其資產不過是中等之家，然而他卻雅好園圃。鄰家有小園，他想借以宴客，但主人不許，張丈山一氣之下，遂花萬餘金買下城南隙地築為園林，而且大開園門，聽人來遊，日以千計。

有關乘騎的交通工具方面，我們也可以看到明代中期以後，不但是武官效法文官乘轎，庶官也學著乘轎，於是監生與生員群起仿效，以至商

人、豪奴、胥吏、優伶之流相繼效尤。至明末清
初有士大夫感嘆乘轎已至「僭濫之極」，甚至還有
優伶僭用轎子，如明末清初的龔煒在《巢林筆談》
中就說：「肩輿之作，古人有以人代畜之感，然卿
大夫居鄉，位望既尊，固當崇以體統，不謂僭濫
之極。至優伶之賤，竟有乘軒赴演者。」到清中
葉平民乘轎子或肩輿的情形愈加普遍，如光緒《嘉
定縣志》云：「道光季年，漸趨華競浮薄，少年衣
食麤裕，動輒肩輿。」光緒《常昭合志稿》也云：
「往時非貴鮮不乘軒，今則肩輿塞路矣。」

流行風尚的形成

明清時期的奢侈消費已經脫離了維生消費的
層次，人們不只是固定於喜好某類消費形式而已，
而且還不斷地追求變化。如南直隸應天府屬六合
縣，據嘉靖《六合縣志》稱該地服飾的風尚是：
「除士夫法服外，民間衣帽長短高卑，隨時異

制。」清人撰之《濮院瑣志》形容當地服飾：「其
衣袖之大小，純緣之寬窄，亦隨時轉移，並無定
制。」清人郭起元《介石堂集》也說江南的風氣
是「捨故趨新，月異而歲更之」。可見庶民的服飾
愈到後來，消費者的喜好轉變的速度愈來愈快，
這就是一種流行風尚。

在當時我們可以看到已經形成流行的時尚，
這種現象尤其是服飾方面的消費最為明顯。就以
一般士人所戴的帽子為例，當時人稱之為「巾」。
葉夢珠談到明末清初「巾式」的變化：原本上自
職官大僚，下至於生員，俱戴四角方巾，人稱「四
方平定巾」，「其後巾式時改，或高或低，或方或
扁，或仿晉、唐，或從時製，總非士林，莫敢服
矣。」明代後期帽子流行的樣式非常多，除了葉
夢珠提到的晉巾、唐巾以外，還有漢巾、諸葛巾、
純陽巾、東坡巾等，這些巾式是前代已經有的，
到晚明因為「復古」或「好古」風而大為流行。
有的巾式則是明代新創的，如陽明巾、九華巾、

明代流行的帽式,當時稱作「巾」,如最上圖是四方平定巾;中下圖由左至右,由上至下,依序為周巾、唐巾、東坡巾、純陽巾、凌雲巾、飄飄巾等。

上圖中是明代人筆下的六合一統帽；下圖是西方人筆下
所呈現的清代帽子店。其招牌寫著「三合帽」，應是六合
一統帽，也就是通稱的瓜皮小帽。

玉臺巾、逍遙巾、紗帽巾、華陽巾、四開巾、勇巾、凌雲巾、方山巾和靖巾等。

明代後期還出現了「時樣」一詞，相當於現在所謂的「時裝」，當時稱：「儇薄子衣帽悉更古制，謂之時樣。」（《山樵暇語》卷八）據萬曆《通州志》記載揚州府屬通州的服飾變化如下：

> 今者里中子弟，謂羅綺不足珍，及求遠方吳紬宋錦雲縗駝褐，價高而美麗者以為衣，下逮褲襪亦皆純采，其所製衣，長裙闊領，寬腰細摺，倏忽變易，號為「時樣」，此所謂「服妖」也。

「里中子弟」追求遠方「價高而美麗」的稀有衣料，再做成「倏忽變易」的新奇流行式樣，號稱為「時樣」，也就是在創造時尚、帶動時尚，這同時也是帶動大量消費的動力。

若觀察流行風尚的傳播方向，恰與市場網絡

有相當程度的重疊。風尚的傳播是依市場的網絡，由中心市場的城市向其周邊地域散播。所以一地的流行風尚，大都是以城市為流行的中心。江南就是明清時期流行時尚最重要的中心。據明人沈長卿的觀察，蘇州是時尚的始作俑者，而南京與杭州則是時尚傳播的中繼站。(《沈氏日旦》卷六) 甚至在北京的服飾風尚都受到江南的影響，如明人于慎行 (1545–1608) 形容隆慶萬曆年間的北京：「衣服器用不尚縣添，多仿吳下之風，以雅素相高。」又如崇禎時人也云：「帝京婦人，往悉高髻居頂；自一二年中鳴蟬墜馬，雅以南裝自好。宮中尖鞋平底，行無履聲，雖聖母亦概有吳風。」(《舊京遺事》) 由此可見江南服飾走在流行的最前端，連政治中心的首都北京也望塵莫及，只能跟著江南的時尚亦步亦趨。再如南京的影響力也廣及江西地區，嘉靖《廣信府志》就指出該地衣裳冠履之制，「視諸京而以時變易之」。江西吉安府屬永豐縣，成化弘治以來平民服飾風尚也是：

「他方衣裳冠履之制，視諸京色而以時變易之。」
江西這兩府的流行服飾，都是跟著南京的時尚走。

身份等級特許制的崩解

　　這波奢侈消費的風潮，逐漸使得明清政府規
定的身份等級，配合特許消費的制度走向瓦解。
談到這個制度就得溯源自漢代以來，傳統中國的
政府為了穩定社會的秩序，乃透過禮制的架構，
遂行儒家上下貴賤需加以區別的主張。這套「明
尊卑、別貴賤」的禮制架構與規範，涉及了人們
的生活、行為及人際關係等層面。在歷代的正史
中，幾乎每部都有〈輿服志〉，就是專門記載歷代
統治階級依據一套禮制，來實行對社會各階層消
費行為的管理。無論是明朝或清朝，在法律上都
明文規定了一種身份制度，也就是依官員品級以
及功名身份來區分身份等級，並配合某些消費方
面的特許權利，形成一種用來「明尊卑、別貴賤」

的制度。早在明初太祖即規劃出一套禮制體系，涉及官民冠服、房屋、車輿、鞍轡、器用等，希望能有效地達到「望其服而知貴賤，睹其用而明等威」的理想社會。清代也持續沿用這套制度。

這種制度在社會變遷緩慢或停滯的時期，較能維持一定的作用，如在明初的時候一方面是法令較為嚴格，另一方面因為仍是復興生產力的「休養生息」時期，故而呈現「地廣人稀」，「人尚儉樸」的情形，人們只能努力耕稼、紡織以輸徭役，並沒有太大的消費能力，所以此制度得以遂行。我們可以看到明初普遍地遵行官定的這套制度，幾無踰制僭越的情形。可是到明中葉以後因為民間經濟力量的崛起，逐漸形成的奢侈風氣打破了這種制度，如嘉靖《涇縣志》形容該地在明初新離兵革，地廣人稀，人尚儉樸。丈夫力耕稼，女子勤紡績蠶桑。穿著衣料只不過是土布，只有達宦才常用紵絲，居室住宅也無高廣的大廳。但是成化弘治以後開始變化：

至成化、弘治間，生養日久，輕役省費，
民彌滋殖，此後漸侈。田或畝十金，屋有
廳事，仿品官第宅。男女衣文繡，女子服
五綵，衣珠翠，金銀滿飾，務華靡，喜誇
詐。

由此可見這時休養生息已久，人民積蓄已豐，故
而庶民的購買力與購買欲，已經超越官方原來所
特許的消費形式。

到清初雖曾一度厲行禮教，企圖扭轉過去的
奢侈之風，也因為正值戰亂過後，社會經濟處於
尚待恢復的階段，所以這種身份等級制度又一度
重新確立。從《清實錄》中我們可以看到朝廷中
有不少相關的討論，清政府將身份等級再度與消
費生活緊密的聯繫起來，以防僭越、以辨等威。
而辨等威可以厚風俗，厚風俗又可以安王政。在
清初政府的公權力執行下，許多地方都可見儉樸
之風。如揚州府屬的通州，據康熙版的方志所云，

該地在明末風氣相當奢侈,「賓會珍錯疊陳,物稍賤則懼其凟客,甚至一筵輒費數金」。但是,「邇來財力殫絀,漸從簡約至簋簋」。該地民間服飾過去也是崇尚華靡,「率多不衷,緞綵貂冠,下逮衙役廝養」。不過,「近奉功令嚴禁,少為斂戢」。

進入盛清時期,隨著經濟發展與社會生產力的恢復,物質條件再度衝擊了這樣的身份等級制度。而且至清中葉禮法本身也出現鬆弛,為社會生活的演變敞開方便之門。再加上社會上層統治者的生活方式,對原來的禮法與身份等級制度的失控,起了推波助瀾的作用,使得這個制度走向崩潰。如江寧府屬的六合縣,據康熙版《六合縣志》提到該地「僭之漸也」:

> 傳聞昔俗醇朴近古……嗣後消息漸繁於生齒,山窮樵採,澤竭網罟,物力詘而靡用奢,飲食張具恣所好美,儲無甔石,必紈綺為衣,非然者以為傻辱。

正因為如此，我們可以看到明清以來許多士大夫的文獻，對奢侈消費的現象常用「僭越」或「僭擬不可言」一詞，來形容當時百姓的奢侈消費，違越了原來政府規定的身份等級制度，如嘉靖《吳江縣志》云：「習俗奢靡，故多僭越。庶人之妻多用命服，富民之室亦綴獸頭，不能頓革也。」又如乾隆《元和縣志》指責「今日之弊」，即在於：「爭尚奢侈，僭擬無節；輿間八座，婢用宮粧，轉相倣傚夸蕩成習。」很明顯地，當時庶民已經僭越了身份等級制度既有規定的特許消費形式，而走向模仿上層身份者的消費模式。

從流行風尚的形式變化來看，剛開始流行的復古或新奇形式，所反映的消費心態是經濟能力的提升，助長了一般大眾求新求變的服飾品味，這還是一種滿足感官性的需求。然而，當服飾風尚轉變成模仿與僭越之風，反映的是服飾風尚背後變化的動力，已不只是經濟能力，而是一種特殊的消費心態。亦即認為服飾不再只是彰顯經濟

能力而已,而是將服飾視為社會身份與地位的象徵,甚至是視為政治地位的象徵。所以當庶民社會階層中諸如富室商人這類有錢階級足以消費時,他們已不只是以穿著新奇、華麗奢侈為滿足,還要模仿官員、命婦與士人的服飾。其實這也是反映出當時有錢階級,致力於透過其經濟力量,達到社會流動 (social mobility) 的企圖。

明清兩代的政府都曾不斷地發佈重申該制度的禁令,這就是所謂的「禁奢令」。單單明朝一代就曾有 119 次申明禁奢令,其中憲宗成化以前只有 11 次,其他都是之後發佈的。可見愈到後來社會奢侈的風氣愈盛,而這些禁令愈到後來也愈成具文而已。如乾隆四十六年 (1781) 有臣劉天成上奏,指陳當時社會風氣「僭肆奢華」的情形:「居樓園館,一日輒耗數日之需。⋯⋯甚至齊民婦女,宦家奴隸,僭肆奢華,妄誇文繡等語。」但最終,就連乾隆皇帝也得承認這種奢侈僭越的現象,他說此等風俗是「積漸使然」:

> 國家承平百有餘年，生齒日繁，京師為萬
> 方輻輳之地，各省省治與夫蘇、杭、漢、
> 香山、大馬頭之類，百姓耳濡，非鄉隅偏
> 僻可比，由儉入奢，勢使然也。

他雖然認為若要用公權力下令，將一切花費錢財
之地盡行封閉飭禁，或將僭越定制與妄事侈靡者
訪拏究處，並非不能達到，但是他不主張動輒繩
之以法。再加上過去也有許多次屢申禁奢令，成
果都不好，因此他認為：「此亦宜於古而不宜於
今！」他已經體會到社會經濟的變遷，不能再用
法令去禁制人們的消費欲望。

小　結

　　明清奢侈消費的面向愈來愈擴大，提供消費
的市場功能不斷加強，奢侈品逐漸成為日常用品，
形成流行時尚以及不斷消費的心態，奢侈的普及

化導致身份等級特許制度的瓦解，總之明清奢侈
消費風氣在上下社會階層之間的擴展過程，本身
就反映了歷史的重要性。在此之前中國歷代雖然
都出現過奢侈的現象，但卻多只是局限在統治階
層或是富民階層，只有到了明清時期的奢侈風氣
才具有如此豐富的特徵，也是有史以來首次波及
到社會下階層。

　　以上的現象不禁令人聯想到西方史家的「消
費革命」說。過去西方史學界在解釋工業革命之
所以發生在英國，提出了許多說法，其一便是英
國史學家尼爾‧麥肯迪克 (Neil McKendrick) 等
人所提出的 「消費革命」 (consumer revolution)
說，他們主張在十八世紀英國出現了獨特的所謂
「消費革命」現象。因為十八世紀英國人購買與
擁有的物品數量達到空前的地步，人們在市場購
物頻率增高，而且奢侈品也成了日常用品；過去
歷史上只有富人才能擁有的東西，在十八世紀時
短短幾代之間不再是一般人遙不可及的夢想，即

使是下層社會也開始有能力享受過去上層社會才能消費的物質財產；有更多人仿效上階層社會的消費行為與消費品味，形成一種社會競爭，也帶動了流行時尚的快速變遷與追逐時尚的潮流，甚至有廣告出版品引導消費。由是號稱世界上第一個消費社會已然在英國崛起，而需求將帶動大量生產，這也為工業革命的到來作好準備。此說雖然受到不少學者的挑戰，但是由這角度作思考的話，類似的現象也在明清時期的中國發生，而且在時間上比起英國還要更早出現。

婦女的奢侈消費

如果從性別的角度來作分析，從事奢侈消費的社會階層中都有婦女存在，在明清的史料中論及奢侈現象時，常常形容道即使是「娼優賤婢」都具有消費力，所以我們不應小覷婦女在這波奢侈消費的潮流中所扮演的角色。接下來我們先來觀察婦女在各類奢侈消費行為中的表現。然後再探討什麼樣身份的婦女可以從事奢侈消費，以及這些婦女為何有能力消費奢侈品。

日常消費的奢侈化

明清婦女在奢侈消費中所扮演的角色，在服飾消費方面最為明顯。明中葉以後婦女的服飾出

現很大的變化，就像明人顧起元在《客座贅語》
中形容南京當時的情形：「俗尚日奢，婦女尤甚。
家才擔石，已貿綺羅；積未錙銖，先營珠翠。」
在萬曆年間沈德符 (1578–1642) 曾將當時「天下
服飾僭擬無等者」歸納為三種人，即勛爵、內官
與婦人，由此可見婦女在服飾方面的奢侈消費特
別驚人。不只是在北京或是江南的大城市，即使
是在一些經濟發展較次要的省分與縣分，也都有
類似的現象。如山東曲沃在成化弘治時期，閭閻
殷富者仍是崇尚節儉，但至嘉靖隆慶朝其所穿著
的服飾開始有了變化，到了萬曆時就連庶民的服
飾都已是「恣所好美，僭侈無度」；不但男子穿戴
冠巾與絲履，就是女子也都是滿身珠翠金飾。(萬
曆《沃史》卷十三) 又如浙江台州府的黃巖縣，
在萬曆年間奢侈競起，一般庶民男性常常是「衣
文綺、履絲策肥」，婦女也是「飾以金翠珠琲」。
(萬曆《黃巖縣志》卷一)

明清之際因為各地受到戰爭的破壞，經濟衰

退，繁榮不再，所以服飾也返樸歸真。如《餘姚六倉志》指出在明季清初時，當地服飾崇尚布素，平民不論貧富皆穿粗布。隨著奢侈風氣的恢復，婦女服飾也有了變化，不但戴華冠、踏彩履，穿的是綾羅錦綺；富家取織造名緞為常服，婦女多用貂額銀鼠套衣，而少年之徒皆穿馬褂。

到清中葉乾隆朝時期婦女在服飾上又再度出現競求奢華的情形，如乾隆《元和縣志》就指出當時的消費風氣：「即婦人女子，輕裝直髻，一變古風，或冶容炫服。有一衣之值，至二三十金者。」乾隆《金山縣志》也說習俗奢靡今非昔比，過去民間戴的是羅帽，夏季用鬃，冬天用氈，間有戴紗縐平頂，衣服布料與式樣則是稀布寬袖，崇尚古樸。如今則是衣帽華麗，尤其有婦女裝扮為宮妝等名色，雲片垂後，絡以金珠，令人晃目。

俗語說：「女為悅己者容」，在一些大城市中我們也可以發現到，有不少專門供應、販賣化妝品與女性用品的商人，以及專門的精品店。如明

代小說《二刻拍案驚奇》中有一則故事，主角是一位浙江客商，姓蔣，專門在湖廣、江西地方做生意，他賣的都是絲紬綾絹女人生活之類的精品。還有明清時人常提到的所謂「三姑六婆」，其中的牙婆與賣婆就是在城市中往來於貴宅豪第與市井街巷之間，以販賣胭脂、花粉等婦人用品維生的職業。她們和前者不同之處是在，前者是中盤商，

三姑六婆的三姑指的是尼姑、道姑、卦姑；六婆者係牙婆、媒婆、師婆、虔婆、藥婆、穩婆也。她們在明清的小說與戲曲中時常出現，幾乎成了「淫媒」的代稱。左圖是《金瓶梅詞話》第二回的插圖，圖中左立者就是身兼媒婆、賣婆、牙婆與穩婆的王婆。

她們則是小盤商；而且前者是男性，所以並不能
直接和女性消費者接觸，而後者因為女性的身份，
使得她們可以登堂入室，直接和購買者接觸。這
也是為何在明清言情小說中，男主角看上了某位
閨秀後，總是得央求賣婆為他們製造機會。

　　至於女性用品的精品店，在江南的大城市中
也時有所見。例如清中葉江寧城內有許多蘇州人
開設的名品店，又稱作「星貨鋪」，就是以賣女用
品為主，所謂「閨中之物，十居其九」。其中的女
用精品包括手絹、鼻煙、風兜、雨纓、紗綢衣領、
皮絨衣領、棠木屐、重臺履、香裹肚、洋印花巾
袖、顧繡花巾袖、雲肩油衣、結子荷包、刻絲荷
包、珊瑚荷包、珍珠荷包、結子扇套、刻絲扇套、
珊瑚扇套、珍珠扇套、妝花邊、繡花邊、金彩鬼
子欄杆、貂勒、緞勒、義髻、鬧妝、步搖、流蘇、
裊躬等等，琳琅滿目。

　　上一章中曾提到在明清方志中常見奢侈風氣
的論述之一，即指出飲食方面的奢侈，包括了宴

會機率愈來愈多，宴會中的佳餚特別精緻化、多樣化。婦女也參與了飲食的奢侈消費，她們吃得雖不多，但是卻非常講究品質。主要表現在兩方面，一是婦女乘遊船旅遊時常需要外帶菜餚點心，如蘇州人所謂的「船菜」、揚州人俗稱的「野食」等皆是，這使得大城市內出現許多專門作這樣訂菜生意的食肆麵館。清人李斗《揚州畫舫錄》云：

> 野食謂之餉，畫舫多食于野，有流觴、留飲、醉白園、韓園、青蓮社、留步、聽簫館、蘇式小飲、郭漢章館諸肆。而四城游人又多有于城內肆中預訂者，謂之「訂菜」，每晚則于堤上分送各船。城內食肆多附於麵館，麵有大連、中碗、重二之分。冬用滿湯，謂之「大連」；夏用半湯，謂之「過橋」。麵有澆頭，以長魚雞豬為三鮮。大東門有如意館、席珍，小東門有玉麟、橋園，西門有方鮮、林店，缺口門有杏春

樓，三祝菴有黃毛，教場有常樓，皆此類也。

揚州城內有許多食肆，專門供應乘畫舫的遊人訂菜，在晚上送達船上。食肆通常都附帶設有麵館，所賣的麵在分量上有分別，且隨季節不同而有變化。這些麵館分佈在城內重要的商業地點，可見消費量之大。

其次，明清當時流行的食品還有瓜果糖食糕點等，而婦女可能就是最重要的消費者。糖對一般平民而言原本是奢侈品，到了明清時期則漸漸變成民生用品，像《遵生八箋》中就有「甜食類」出現；我們從明清的小說如《金瓶梅詞話》與《紅樓夢》二書中就可以清楚地看到，這類甜食的愛好者大多是婦女，其次才是小孩。例如《金瓶梅詞話》中提到果餡餅兒、松花餅、白糖萬壽糕、玫瑰搽穰捲兒、雪花糕、裹餡涼糕等甜點的時候，都是婦人食用的場合，或是送給其他女人的禮物；另外，蜜餞也是當作餽贈的禮物，或是供老婦人

享用的點心。

空間消費的奢侈化

過去我們對明清婦女的刻板印象，總以為在
禮教的制約與纏足的束縛之下，明清的婦女是「大
門不出，二門不邁」，認定當時婦女在空間上的活
動頻率是很低的。不過，當我們從旅遊、廟會與
進香等方面出發，重新檢視當時婦女的空間活動
後，過去的這種刻板印象將會改觀。

在休閒旅遊的消費方面，明初婦女旅遊的觀
念還很保守，如元末明初人徐一夔撰有〈鄒母
傳〉，傳中描述鄒確之母的事跡。鄒確移居杭州
時，與其弟共同計畫邀其母同遊，然而卻遭鄒母
拒絕，而且還教訓他們說：「爾為我子，乃獨不能
以禮事我。吾聞婦人晝不遊庭，而可遠適湖山，
適逸樂耶？」由這個故事可以看到，當時無論是
一般人的觀念，或是婦女自己本身，對於旅遊都

是持著保守的觀念。

但明中葉以後出現了變化，這可以從幾方面看到。首先是上層社會官宦人家的婦女，開始從事旅遊了。從明末清初才女的詩文著作中也顯示，除了從夫家宦遊之外，官宦士人婦女於持家之餘出遊取樂業已成為風氣。就以明末著名的閨秀才女吳江的沈宜修為例，她在一篇追憶其表妹張倩倩的傳記中，為閨秀遊覽活動提供了生動的說明。如文中提到萬曆四十六年 (1618) 其夫葉紹袁 (1589–1648) 赴南京應秋試，宜修獨與倩倩泛舟湖上，對飲暢談，一夜不歸。另外，商人婦女也是喜好旅遊的一群人，如清人錢泳的《履園叢話》載有雍正年間的一則故事，描寫揚州有個貌美的鹽商女，在平山堂遊覽時遇見酒醉的縣令，縣令誤以為此女乃娼妓，於是不分青紅皂白地就將她笞打了一頓。

傳統的歲時節日，也正是婦女出遊的好時機。明代的江西廣信府鉛山人費元祿，搆館於鉛山之

河口的鼉采湖，撰有《鼉采館清課》一書，記其館中景物及遊賞閒適之事。書中就分別記錄各個重要節日時，眾多婦女出遊的盛況。如元宵節時，「士女盈填，落梅濃李，遊燈往來，若十里長虹，蜿蜒環繞。」清明埽墓節時，「士女麗粧，藉為踏青之行。」端午節時觀龍舟競渡，「楫櫓試舟者以百數，兩岸士女雲集。」七月望日的盂蘭節時，「長者布金，士女施金錢以千計，冀徼福田利益。」

在明清江南這類活動最盛、最典型的例子，當屬杭州了，每當立春之儀式，名曰「演春」，「士女縱觀，闐塞街市，高聲致語。」到了元宵節前後五夜會張燈，謂之「燈市」，「士女駢集，至有拾翠遺簪者。」杭俗又特重中元盂蘭佛事，「至是士女傾城，夜泛湖中，大小船無不受雇者，迨明乃止。」其他江南的城市情形也很類似，如蘇州的端午競渡，最盛於山塘，「至端陽前後時數日，觀者傾城，萬船雲集，遠郡士女，結伴紛來，鬢影衣香，霧迷七里。」又如揚州的情形，據《揚

州畫舫錄》說：「江南中元節，每多婦女買舟作盂
蘭放燄口，燃燈水面，以賭勝負。」

　　正是因為節日時有大批的士女從事旅遊，婦
女本身也成了節日的重要景觀，尤其是對男性而
言，就像費元祿所說：「士女花時遊西湖，列艦排
雲，斜風而渡，不避觸客，頗具游膽。」明代小
說《醒夢駢言》也曾描寫蘇州清明節時的景觀：
「蘇州風俗，到了這日，合城婦女一家家都出去
踏青，那些少年子弟也成群結隊觀看。有贊這個
頭兒梳得好，有羨那個腳兒纏得小，人山人海，
最是熱鬧。」到清代的蘇州還有男性百十成群，
評定美人以某處某樓觀賞節日活動的婦女為狀元
的行徑。(《客窗閒話》)

　　此外，至明中葉以後還出現許多新興的廟會
節慶，是與民間信仰有關的，如城隍神誕、東嶽
神誕與觀音大士誕辰等，婦女們也積極參與這些
廟會活動。如蘇州遇迎神賽會，借祈年報賽為名，
即搭臺演戲，轟動遠近，有男婦群聚往觀，達到

舉國若狂的程度，甚至有「婦女至賃屋而觀」的情形。這類廟會活動中有許多神祇廟宇，係未列入國家祀典的「淫祠」，被稱為某土地神、某王侯將相等，士大夫與官員認為這類廟會活動是：「僧道借以弄錢，婦女因而遊玩」；而且有傷風化，有違禮教，因為：「凡鄉城有盛會，觀者如山，婦女焉得不出。婦女既多，則輕薄少年逐隊隨行，焉得不看。趁遊人之如沸，攬芳澤于咫尺，看回頭一笑，便錯認有情；聽嬌語數聲，則神魂若失。」（《履園叢話》卷二十一）

還有具有宗教性質的進香活動，至晚明也愈發興盛，不少方志如常州、湖州與嘉興府等，都記載各地有婦女入廟燒香的風俗。這樣的活動也具有旅遊的功能。還有的進香更是跨省際的，而婦女正是香客的重要組成分子。例如明人張大復〈濟上看月記〉一文記其經過河北涿州時，目睹碧霞宮香客進香的過程：「市上士女駢集，予馬兒不得行。」（《梅花草堂全集》卷四）明人袁宏道

(1568–1610) 到杭州時，看到天竺山眾多進香客將天竺山周遭攢簇如城，而燒香男女是彌谷被野。
（《解脫集‧湖上雜敘》）

　　最著名的莫過於泰山進香，到此地進香必需繳納香稅，據明人謝肇淛 (1567–1624) 云：「以奔

明中葉以後盛行到著名寺院廟觀進香的活動，而在這些信徒中婦女占了很大的比重。上圖係清末《點石齋畫報》所描繪的九華山進香活動，從圖中就可以看到許多婦女乘轎登山。

走萬方之士女,所入香緡,歲不下六萬。」(《小
草齋集》卷八〈登岱記〉)由此可知進香團員之眾
多,且又是以士女為主要香客。再舉一個鮮活的
例子,就是清初小說《醒世姻緣傳》。在書中的第
六十八、六十九回,專門描寫張、侯兩個道婆自
己當會首,組織了八十名婦女進香團,騎驢坐轎,
行程二百餘里,到泰山頂上娘娘廟燒香。且看這
兩個道婆為慫恿薛素姐,誇張地形容進香團員的
社會地位:

> 你看大嫂說的好話呀!要是上不得檯盤的,
> 他也敢往俺這會裡來麼?楊尚書宅裡娘兒
> 們夠五六位,北街上孟奶奶娘兒們,東街
> 上洪奶奶、汪奶奶、耿奶奶,大街上張奶
> 奶,南街上汪奶奶,後街上劉奶奶娘兒們,
> 都是這些大人家的奶奶。那小主兒也插的
> 上麼?

看似團員都是城內的官夫人或官太太，可是當女主角薛素姐上了路，認識了團員後，才發現「也沒有甚麼楊尚書宅裡的奶奶，都是楊尚書家的佃戶客家；也沒有甚麼耿奶奶、孟奶奶，或原是孟家滿出的孀子，與或是耿家嫁出去的丫頭」。即使如此，這個故事足以說明當時已經有婦女進香團了。

　　許多大城市附近的風景區，如北京、蘇州、杭州、南京等地附近的名勝，也常有「都人士女」聚遊，形成「舉國若狂」的景象。這類著名的景點包括了北京的西山與高梁橋，蘇州的虎丘、荷花蕩與石湖，杭州的西湖等等。每當季節舒適的時候都是士女群聚，有的士人形容士女傾城往遊，「笙歌笑語，填山沸林，終夜不絕。」有的形容是「舟中麗人，皆時妝淡服，摩肩簇舄，汗透重紗如雨。」還有形容士女為群，大膽地將風景地搞成歌舞之場，所謂：「妖童豔姬，聲色遞陳，爾我相覷，不避游人。」另外，城市內的園林也可以看到士女遊玩的身影，如蘇州的獅子林與拙政

園等名園，每當春天二、三月桃花齊放、油菜花又開時，合城士女即出遊，人云此景宛如北宋張擇端所畫的「清明上河圖」也。再如上海城內的豫園，也是「遊人雜遝，婦女如雲」。

正是因為這些景點婦女出遊太過頻繁，有些士人避之惟恐不及，如明人李流芳 (1575–1629) 每感蘇州的旅遊勝地虎丘，在中秋時遊人太多，士女傾城而往，「遂使丘壑化為酒場，穢雜可恨。」於是他特別選擇別人不去的時候先遊：「予初十日到郡，連夜遊虎丘，月色甚美，游人尚稀，風亭月榭間，以紅粉笙歌一兩隊點綴，亦復不惡，然終不若山空人靜，獨往會心。」(《檀園集》卷八〈遊虎丘小記〉) 甚至有士人特別找尋其他的景點以避開旅遊的婦女們，如明人譚元春 (1586–1631) 在評論南京城郊的旅遊景點時，特別衷愛城內的烏龍潭，原因之一就是：「士女非實有事，于其地者不至」。(《譚友夏合集》卷十一〈初游烏龍潭記〉)

　　婦女在旅遊時搭乘雇用的交通工具，如轎子
與畫舫的頻率也愈來愈高。在明清的小說如《金
瓶梅詞話》、《型世言》與「三言二拍」等書中，
都可以看到婦女乘轎子的情形，所以會有士大夫
感嘆乘轎已至「僭濫之極」，就連優伶也僭用轎
子。隨著婦女旅遊的情形益加普及，到清中葉還
出現了專為婦女乘坐的登山載具。據《揚州畫舫
錄》云富貴家會自備「女輿」出遊登山，這種女
輿行走若飛時，人稱「飛轎」；又步碎而軟時，謂

上圖為明人繪「清明上河圖」卷局部，畫中兩人抬轎，
旁有老婦跟隨，轎內乘坐者應為貴婦人。

明清江南乘畫舫旅遊之風盛行，男女皆可乘坐。左上圖為明代雜劇《鞭歌妓》的插圖，右上圖為明雜劇《花舫緣》插圖，下圖為清末《點石齋畫報》的插圖。

之「溜步」；轎夫則稱之為「樓兒」，隨轎侍兒謂之「跑樓兒」。至於婦女旅遊時乘畫舫的情形，在江南大城市中也是很普遍的事，《揚州畫舫錄》就曾形容當地畫舫有專載婦女的「堂客船」，其云：「婦女上船，四面垂簾，屏後另設小室如巷，香棗廁籌，位置潔淨。船頂皆方，可載女輿。」論設備不可不謂豪華也！

到了十九世紀，我們還可以看到婦女在娛樂活動時的空間自由度更為加大。例如松江府當廟會時的演戲場合，小家婦女可以排坐東西樓觀劇，即使兩旁有男子在評頭量足，也恬不為怪。在鄉村又有演唱所謂的「花鼓戲」者，觀眾中也是雜以婦女。前述自晚明以後茶肆的開設愈加興盛，到十九世紀我們可以從蘇州府的官方告諭中，看到省城內外所有茶館公然地招集婦女入內飲茶的情形，所謂：「吳中陋習，通衢僻壤，茗肆紛開，雜遝喧闐，士女混坐入門者。」

婦女的時尚消費

明清奢侈風氣的始作俑者是一些富商大賈、巨室豪族，然而，要論到帶領追逐消費變化與時髦的流行「時尚」者，則非女人莫屬。明清的婦女消費已出現追逐時尚的現象，尤其反映在服飾與裝扮上特別明顯，而且時尚運轉與變化的速度相當快。在明代中後期的方志與筆記中，常看到記載當時服飾式樣變化的情形，如明人顧起元的《客座贅語》就提到南京婦女的衣飾：

> 留都婦女衣飾，在三十年前，猶十餘年一變。邇年以來，不及二三歲，而首髻之大小高低，衣袂（按：衣袖）之寬狹修短，花鈿之樣式，渲染之顏色，鬢髮之飾，履綦（按：指紅色，綦巾乃青黑色未嫁女人之服飾）之工，無不變易。當是時眾以為

妍，及變而嚮之所妍，未有見之不掩口者。

也許在過去南京婦女的服飾變化不大，十年才一變；但是當作者的時代則是不到二、三年間就有新的流行風尚，凡是頭髻與衣袖的樣式、裝飾的花邊、服飾的顏色，甚至是鞋履都有流行的式樣。不只是南京，像是浙江紹興府的婦女服飾，也是「歲變月新，務窮珍異，誠不知其所終也。」（萬曆《新修餘姚縣志》卷五）明季松江府地區婦女流行的冠髻形式，也是變化快速：「女子髻亦時變，近小而矮，如髮髻；有雲而覆後者，為純陽髻；有梁者為官髻，有綴以珠或垂絡于後，亦有翠飾為龍鳳者。」（崇禎《松江府志》卷七）在其他地區的大城市中，婦女服飾的變化也出現相類似的現象，如河南開封府的嘉靖《太康縣志》就說：

　　弘治間，婦女衣衫，儘掩裙腰，富者用羅、
　　綾、紗、絹，織金彩通袖，裙用金彩膝襴

（按：裙幅上的折疊處）。髻高寸餘。正德
間衣衫漸大，裙褶漸多。衫惟用金彩補子。
髻漸高。嘉靖初衣衫大至膝，裙短褶少，
髻高如官帽，皆鐵絲胎，高六七寸，口周
尺二三寸餘。

在引文中呈現了由弘治到嘉靖初年，大約二十年
之間，婦女的服飾與冠髻就有了三次大的變化。
清代的情形與明代類似，如乾隆《濮院瑣志》記
載當地婦人的外褂謂之「披風」，又稱「大蓋」，
有顧繡、鏤彩、織金、盤金、泥金、緝金多種。
又有縱線、二色錦、八團花、八團金等製品。其
衣袖的大小與緣邊的寬窄，也是「隨時轉移，並
無定制」。

　　當時人把流行的服飾與妝飾，稱之為「時樣
妝」或「時世妝」，明人袁宏道在〈荷花蕩〉一文
中，描寫蘇州封門外旅遊勝地荷花蕩，遊人畫舫
雲集之景象：「舟中麗人，皆時妝淡服，摩肩簇

圖為清代婦女的流行
穿著——短臂馬褂，
當時稱為「時式」。

舄，汗透重紗如雨。」乾隆《濮院瑣志》記載當
地婦人裝飾一如蘇州，有穿短臂及馬褂者，號稱
為「時式」。清人宣鼎《夜語秋燈錄》書中記載一
則故事，主角是位努力持家的貧婦宋氏。她雖天
生美麗，但是因為不施脂粉，不纏足，不作「時
樣妝」，故人人皆呼為「半截美人」。看來這種流
行時尚影響力廣泛，少有能不受其誘者。

　　前一章我們已提到江南地區是明清流行服飾
的時尚中心，各地婦女的流行服飾亦是追隨江南
地區的時尚。如清人李宗定《京山竹枝詞》就說
當地京山的婦人，「逢人遍說學蘇州，短衫寬袖長
羅帶。」廣東的潮州「婦女裝束，以航海往來蘇

松間，相仿者多。」（乾隆《潮州府志》卷十二）甚至遠在西北的陝西涇陽，人云：「陝地繁華，以三原、涇陽為第一。其人多服賈吳中，故奢麗相慕效」，「婦女結束若三吳。」（屈大均《翁山文外》卷一）各地富裕人家也自然以能穿著道地的江南服裝相尚，在明代的有錢人家為了得到江南「原產」服裝，往往不遠千里去江南採購，這種情況在明清的小說中也留下痕跡。例如《金瓶梅詞話》第二十二、二十五回中西門慶令家人旺兒到杭州為蔡太師訂製衣服帶回山東。《醒世姻緣傳》第六十五回中說明代山東小縣城裡的婦女要想獲得南京時裝，還需由家人赴江南採購。到清代，南京時裝在山東已有銷售基地，如臨清的「故衣布」里，就是集中「南京鋪」的地方。

婦女服飾的流行時尚表現有幾種方式，一種是講求新奇。如明中葉一度盛行的「馬尾裙」本來是由朝鮮傳入，這個舶來品因為新奇而廣受歡迎，不只是婦女，就連武臣與朝官亦多有愛用者，

乃至「營操官馬因此被人偷拔驄尾」。一種是講求復古。復古風在婦女服飾上的表現，如明人田藝衡《留青日札》中就記一種稱之為「細簡裙」或「畫裙」的裙飾，在當時的杭州與北方曾流行一時。根據該書作者的考證，這種裙飾應是早自唐朝即有，而在明朝可能是在廣西地區保留下來這種服制，在一陣復古風潮下重新被重視，再經流傳至全國。

另外，我們還常常在明清的史料中，看到男女服飾相仿相混的現象，如明人郎瑛的《七修類稿》說：「婦人之衣如文官，其裙如武職」。這種穿著與妝飾也成了一股流行時尚，例如在江南地區的例子，李樂《見聞雜記》就指出嘉靖末至隆慶、萬曆兩朝，湖州府當地，「富貴公子衣色，大類女妝巾式，詭異難狀。」明季的松江府有女子衫袖如男子，衣領緣用繡帊，如蓮葉之半，覆於肩，稱為：「圍肩」；或綴以金珠，裙用綵繡，人稱「挑線」。該地也有男人模仿女人髮型，如男子

十六歲方留髮，髮長披在肩上，與當時婦女無異，
頗似現代的「披頭」髮型。也有男子所梳的髮式
如同婦女的梳妝，插簪帶花，將披髮擄紮起，名
之曰「直擄頭」。不只在江南，其他地區亦有類似
的情形，如河南開封府附郭祥符縣，明末的方志
就形容當時流行服飾的特徵：

> 迨至明季囂陵益甚，伎女露髻巾網，全同
> 男子；衿庶短衣修裙，遙疑婦人；九華是
> 幘，羅漢為屨；傲侮前輩，墮棄本類，良
> 可悼也。(順治《祥符縣志》引明代《開封
> 志》)

上述的描寫，彷彿當時社會上滿街都是「焉能辨
我是雄雌」的穿著。偏偏喜歡穿得像是女裝的男
人，又往往是士人，就像李樂看到這種現象後大
嘆：「遍身女衣者，盡是讀書人。」這種現象到清
代比較少見，可能已不流行了。

　　然而，最常見的一種流行服飾式樣，就是模仿當時朝官命婦的穿著。前章已提到明清時期官方所訂定的身份等級特許制，以服制而言，明清政府規定只有特別身份地位的人，才能享有穿著上的特殊性。如翡翠珠冠、龍鳳服飾，明代的規定是只有皇后、王妃始能穿著；至於官員的命婦所穿戴的禮冠，凡四品以上者可用金為飾件，五品以下則用鍍金或銀為配飾。這樣的服制在明朝前中期，曾經維持了一段時間。可是到明中葉以後就出現變化，就像北直隸保定府的內邱縣，據崇禎《內邱縣志》云：

> 先年，婦女非受封，不敢戴梁冠、披紅袍、繫絁（註：粗的綢類）帶，非但畏法，亦且媿心；今富者于財者概服之，又或著百花袍，不知創自誰何？

過去婦人之所以不敢學上層階級的穿著，一則是

害怕違法，另一則是心中有愧，自覺不合身份。
但是到晚明已不再是如此，就連庶民婦女的服飾
與配件也都模仿后妃與命婦，像是「女子飾金珠」
已不再局限於高官的命婦了。她們不再擔心是否
違反法律，更不覺得有愧於心。當時的士大夫見
狀指稱這都是一種僭越的行為，踰越了國家的禁
制令。晚明各地的方志也都記載了這類現象，如
蘇州府吳江縣，「習俗奢靡，愈趨愈下。庶民之
家，僭用命婦服飾，加以鈒花銀帶，恬不知愧。」
福建建寧府到了正德以後風俗之變化：「女飾衣錦
綺，披珠翠黃金橫帶，動如命婦夫人。」清中葉
奢侈風氣盛行的蘇州府，婦女的穿著與髮髻一變
古風，喜好冶容炫服，甚至有模仿「帝服后飾」
的情形。其實這種行為可以說是一種「社會仿效」
(social emulation)，反映了明清下層婦女透過模仿
上層階級的消費模式，來提高她們的身份地位。
不過，在此要說明的是，「社會仿效」並不全然一
定是社會下層模仿或學習社會上層，也有可能是

上層模仿下層，例如在下一章我們將會看到上層
婦女仿效妓女的穿著。

婦女消費者的身份

　　能夠有財力從事奢侈消費的婦女，讓人第一
個想到的當然是富戶家的貴婦人。在江南許多大
城市中聚集了一批經商致富的大商人，例如在明
代後期四方商賈俱陳的揚州，住著許多致富的商
人，他們動輒修飾第宅，廣蓄姬媵，盛裝僕從，
就連飲食都可與王公貴族媲美。他們的家人婦女
閒來無事，就在穿著打扮上爭奇鬥豔，所謂：「恆
修治容，鬥巧粧，鏤金玉為首飾，雜以明珠翠羽，
被服綺繡，袒衣皆純采，其侈麗極矣。」（萬曆
《江都縣志》卷七）明清時代擁資頗豐的商人往
往會透過捐納制度買得官銜，這樣他們的消費就
脫離官方身份特許制度的局限。一個素為人知的
例子就是《金瓶梅詞話》中的西門慶家。以明代

山東大城臨清為背景的小說《金瓶梅詞話》，書中
主角西門慶的五房妻妾每個季節，甚至每個喜慶
節日都要更換新裝，服飾還十分考究，其規格早
已超出一般商人的範圍。當西門慶尚未當上提刑
所理刑副千戶時，他的妻妾裝束就已和妃嬪並無
二致，足見其奢侈之極。後來他當上官後，為顯
示自己的財勢，為妻妾添新裝的舉動更是大膽。
即使穿戴已如此奢靡了，眾妻妾仍不滿足，還要
相互攀比。在整本書中西門慶家諸妻妾之間爭風
吃醋的角鬥，往往圍繞著衣著、首飾而展開。

除了商人婦以外，大家閨秀的消費力也很強。
明清的閨秀婦女在服飾方面非常講究，尤其是在
大城市中的富戶閨秀。如萬曆《揚州府志》宣稱
該地：「閨閣鬥巧，粧鏤金玉為首飾，雜以明珠翠
羽，被服綺繡，袒衣純采，在郡城儀真尤甚。」
前文也曾提到閨秀們對旅遊的興趣特別濃，這裡
再舉一個清代的例子，就是《履園叢話》中曾記
有江蘇撫標中軍參將張麗坡將軍，有一女名襄，

號雲裳者，年十餘齡即能詩，不三四年著書盈尺矣。她的詩集中就蒐錄了許多遊山玩水之後的旅遊詩作。所以閨秀婦女花在旅遊的消費也很驚人，就像《畫舫餘譚》中所形容的閨秀婦女，旅遊時乘坐的畫舫也和一般人不同，「則四圍障以湘簾，龍嫗鴉姬，當馬門側坐，衣香鬢影，絮語微聞。」

　　能夠從事奢侈消費的婦女，還不限於上述這些屬於社會上階層的婦人，在明清的許多地方志就提到即使是一般平民婦女，甚至被人視為身份卑賤的娼優、婢女，或視為賤役的隸卒之婦女，都有可能消費得起上層階級所消費的奢侈品。明人田藝衡在《留青日札》指出：「今則婢子衣綺羅，倡婦厭錦繡矣。」明代江南的例子如萬曆年間的蘇州府城內，西城婦女奢侈消費的風氣特別盛，「娼優僭后妃之緣，閭巷擬侯王之制」。而東城則是以機房婦女，最好為豔妝。清代的情形亦如是，蘇州婦女仍是以奢侈著名，甚至「倡優下賤，帝服后飾。」

其他的地區也可以看到類似的情形，如晚明江西的建昌府，「侈婦飾僭擬妃嬪，娼優隸卒之婦，亦有黃金橫帶者」；福建的建寧府，「女飾衣錦綺，披珠翠，黃金橫帶，動如命婦夫人」；山西的平陽府婦女冠髻之變化：「若其為婦也，亡論仕宦，即菜傭婦，髻動以金銀為之，增重至十四、五兩，問其家，無餘有也。」陝西的西安府自明末以來，「裘馬錦綺，充填衢巷，羅褲雲履得僭於娼優卒隸之輩。」

鄉村的婦女在消費方面是比較保守的一群，明清有一些方志在記載當地的風俗時，明顯地區分了城鄉婦女在消費上呈現奢儉對立的差異。不過，同時也有更多的記載指出，鄉村婦女受到城市婦女奢侈風氣的影響而群起效尤。甚至像是遠在北直隸邊境的宣化府，在嘉靖年間的方志都曾形容道：「近來生齒日繁，逐末者多；士民競以華服相誇耀，鄉間婦女亦好為華飾。」即使到了晚清仍可以看到這類現象，如上海地區在光緒中葉

以後風俗日奢,「鄉女沾染城鎮習氣,類好修飾」。

　　由以上這些例子,似乎說明了在明清時期一般稍有財力的人家,無論是商人婦、閨秀、織婦、鄉婦,甚至娼優與婢女,在各方面的花費遠遠已超過生理的基本需求,而是追求「時髦」。

婦女的收入與經濟力量

　　為何會出現奢侈消費的風氣?雖然史家們有許多不同的解釋,但是最核心的問題則是:消費能力的提高與否和收入的多寡是直接相關的。明清的奢侈消費能夠普及到下階層,這顯示下階層社會的收入勢必有相當程度的上升。而婦女既然在奢侈消費中也扮演重要的角色,無疑地這與她們的收入或她們在家庭內的經濟地位有很大的關係。

　　在商品化與市場化的趨勢下,明清婦女的勞動力漸漸在生產方面占有一席之地。在明清這段時期因為人口過剩,導致社會面臨了人地比例失

調以及農業生產力的局限，卻有愈來愈多的婦女從事農副業或家庭手工業，藉此彌補家計，甚至為提高競爭力而走向更專業化的分工。就以江南地區為例，明代前中期盛行的生產模式是「夫婦並作」的方式，亦即男女皆參與農作與紡織；迨自明代後期起所謂「男耕女織」的分工生產模式逐漸確立。之所以出現這樣的變化，一則是因為明清時期人口的膨脹，使得人均耕地面積縮小，由丈夫一人耕種即可，婦女不需下田，可以有更多時間待在家內從事紡織，培養熟練的技術，將更有利其織品於市場上的競爭力。這可以說是家庭勞動力最合理的分配，不但生產率高，報酬率也高。所以明清婦女從事紡織業的所得較過去提高許多，對家庭的生計來說是很重要的經濟來源，明清江南即有「女工勤者，其家必興；女工游惰，其家必落」之諺。從明清許多婦女的傳記資料中，可以看到這些婦女靠其紡織收入，除供家庭日用之外還有許多盈餘，足以扶養子女成家立業。

也有學者指出手工業方面從宋代到明清時期，無論是棉織業或絲織業都因為專業化與市場化，導致男性勞動力有逐漸取代女性的趨勢，由是婦女在家庭的經濟地位遂出現「邊緣化」的情形。例如絲織業中逐漸由男子承擔織絲成布的工作，而將報酬較低的其他生產工序（如繅絲）留給婦女；同樣地，在棉織業的生產工序中，屬於經濟效益較高的染布與踹布業，都是在城市的作坊裡由男性工人擔任。即使有這樣的變化，但是整體而言明清婦女從事紡織業的所得並不算低，對家庭的收入來說是很重要的經濟來源，所以明清時期農村婦女在家庭收入方面的貢獻，應當仍具有相當的重要性，也因此才可以從事奢侈消費。

再者，從一些地方志記載婦女消費的現象，也直接證實了從事紡織成衣業的婦女們，在服飾上的消費異常奢華。首先就以江南的紡織業重鎮蘇州府為例，明清時期的蘇州從事紡織業的勞動人口中有相當大的比例是婦女，而且這些善於操

作纖紅刺繡的婦女，在精巧方面是其他地區所莫能及的。再看看方志中對這類婦女消費能力的描述，如明代隆慶《長洲縣志》就形容蘇州城內以織造為業的「機房婦女」，在服飾上特別「好為豔妝炫服」；而康熙《蘇州府志》也說：「婦孺女子，絡緯刺繡，嫻於工作，守禮重志節，而冶容炫服者，亦不少。」我們在前面談到婦女的奢侈消費時，也可以看到蘇州的婦女在旅遊方面特別突出，為何蘇州士女總是能夠悠閒地從事「冶遊」的活動呢？清人邵長蘅有句詩文描述蘇州節日時士女在風景區的冶遊情景，在詩句末尾是這樣寫的：

　　西鄉大養蠶，東鄉種棉花；養蠶姊條桑，
　　種花妹紡車；儂自袖手坐，衣著綾羅紗。

他的這句話說明了當地婦女從事絲業與棉業，因為獲利之頗豐，所以才能悠閒地旅遊，而且服飾裝扮華麗。

繅絲是從蠶繭中獲得生絲的第一道工序。明清江南婦女
多從事紡織業，每當繅絲季節，蠶娘們繅絲手藝高超者，
繅出的生絲往往可以賣得高價。圖為西方人筆下的江南
婦女繅絲景象。

　　這種的現象不只是蘇州，明清江南還有許多
地區婦女也都是從事紡織，論人數江南可能高居
全國之冠。例如在松江府無論是在城市或鄉村，
都有許多婦女從事紡織，所謂：

　　　　里媼晨抱紗入市，易木棉以歸，明旦復抱
　　　　紗以出。無頃刻間，織者率日成一匹，有

通宵不寐者。田家收穫，輸官償息外，未
卒歲，室廬已空，其衣食全賴此。（正德
《松江府志》卷四）

光緒《重修華亭縣志》也說：「至於鄉村紡織猶尚
精敏，農暇之時，所出布疋，日以萬計，以織助
耕，紅女有力焉。」因為農耕的收穫畢竟有限，
而家庭婦女從事紡織所得，不但可以補充家計，
而且還有剩餘可供其他的消費。更有甚者，有些
地區的男子好吃懶做，不事生產，家計反而是靠
婦女紡織的收入維生，如康熙《上海縣志》云：
「民間男子多好游閑，不事生業，其女子獨勤苦
織紝，簫燈（按：音溝，有籠罩之燈）火，至達
旦不休，終歲生資，率仰于織作。」乾隆《上海
縣志》也說：「游手之徒，有資婦女養生者。」清
代松江有民歌也有如是唱詞：「俗多游手，藉婦工
苟活。」這些對男人懶惰、女子勤勞的描述都是
指松江府，也就是現在的上海地區。這和當今中國

大陸盛傳上海男人勤勞家事的形象，有天壤之別。

　　除了紡織以外，當時在鄉村還有農業散工的就業機會，婦女也有加入者。所謂的「散工」指的是自家種田少而以餘力可以幫人耕田者，無論是男女皆可。通常充當散工者，必定先為自己田內做，待到卯時日上三竿後，始往雇主家吃早餐，飽餐後才下田。沒多久又到午飯時間，每個人還可以吃到豬肉五方，名曰「梅花肉」，蔬菜則是下午點心。太陽未下山時，就可以收工回家。飯先犒以酒，膳用魚蛋，必醉飽而散。中間休息坐而吸煙者八次，一日力作不滿三小時，其餘只是閒坐而已。至黃梅雨多時又需要用草裹棉花，於是四出招人工，工資更漲至三百文錢。據說：「於是孩童稚女，力能勝一鋤者，無不往取值焉。」（民國《南匯縣續志》卷十八）

　　就算不是從事紡織業或農業雇工，婦女仍有其他經濟活動與生產。例如在城市的婦女還可以看到從事商販的行為，前文曾提到在城市中販賣

胭脂、花粉等婦人用品維生的牙婆與賣婆。不過
這類人自宋代已出現，而且從業人數也無法估計，
故而難以評估這類人在婦女消費史所扮演的角
色。又例如在一些士大夫與商人母親的墓誌銘或
傳記中，記錄了家內女主人在持家、經營家計方
面扮演相當重要的角色。最為人熟知的就是徽州
的商人婦，她們提供徽商資本、主持家政，使商
人無後顧之憂，甚至還有直接參與商業經營者。
如乾隆時期任兩淮八大總商之一的汪石公之妻，
其夫死後一切均由其主持，人稱「汪太太」。

　　既然婦女對家庭收入有重要的貢獻，那麼在
消費方面應該也有相當程度的掌控與支配力量。
可惜的是在明清的史料中很難有更精準的資料可
以推估家庭內消費占收入的比例，更何況要推估
婦女消費所占收入的比重。值得注意的是從史料
中顯示農民家庭有不尋常且非常大的花費是在生
活禮儀、珠寶（即使貧農的婦女多少也有一點首
飾），娛樂與副食（如在往市場的路途中購買點

心），以及其他項目，而且這些花費可能是由在家從事紡織的妻子所得而支出的。

上述關於婦女消費能力所作的初步考查，顯示了婦女奢侈消費現象背後所反映的是婦女從事家庭副業的所得提高、婦女對家庭經濟的貢獻增大、婦女主控經濟提升等方面，這足以說明了明清婦女經濟地位出現的變化，而這樣的變化反過來又帶動了婦女從事奢侈消費。

小　結

前章提到西方史學界在解釋英國工業革命發生的原因，所提出「消費革命」說的學者們也很強調婦女的消費扮演重要的角色，甚至在家用消費還可能大過男人的分量。從本章看到明清江南婦女參與奢侈消費的情況，我們同樣可以認為，如果中國在明清時期出現了所謂「消費革命」的話，那麼婦女的貢獻可說是相當大的。

英國學者的「消費革命」說有一重要的弱點，就是十八世紀英國的工資並未有提升，又如何有大量消費的能力？經濟史學家詹・德弗雷斯 (Jan de Vries) 曾提出了「勤勉革命」(industrious revolution) 的假設，以彌補此說在解釋上的漏洞。他認為在十八世紀英國的農村家庭努力將其生產投入市場，並利用婦女兒童的勞動力擴大農業與工業的生產。於是婦女兒童以較低的平均工資參與生產，這種家庭勞動力的重新配置增加了家庭總收入，對城市商品也有了更大的消費需求。明清江南婦女從事家庭紡織副業，也是一種家庭勞動力重新配置的模式，同樣地達到了增加收入與促進消費的效果。所以最近有學者就指出了明清婦女從事紡織業生產的模式，與英國的「勤勉革命」可以說是非常類似。

妓女與奢侈消費

　　明清江南所以出現如此普遍地奢侈消費現象，除了經濟因素之外，觀念的變遷也很重要。晚明興起了一波情欲觀，這個觀念的形成和風行，與明清社會的消費風氣有極微妙的關聯性，因為情欲論述正好提供人們追求感官欲望的合理化基礎與動力。明清情欲觀的興起帶動了另一種消費，也就是說情欲本身也是可以消費的，於是形成了一批新興的「情色產業」。青樓妓女和明末清初流行的豔情小說、春宮畫，都可以算是現代所謂的「情色產業」。這些情色產業的發展，既是一種奢侈消費，同時也會對社會的消費文化有促進的作用。在此要特別提出來的是，帶動明清以來流行「風尚」的重要推手──妓女。青樓文化在明末

清初可以說是達到空前的高峰，到青樓妓院是一種奢侈消費，而妓女本身也是一批重要的高消費者，她們的消費模式對當時的流行風尚，具有相當大的影響力。

情欲觀的勝利

最先在晚明思想界中，出現影響社會大眾情欲觀念的，首推泰州學派的推波助瀾。沿著王陽明 (1472–1528)「良知」的方向，泰州學派發展出關於男女間情欲鼓動性極強的理論，這些思想家包括了王艮 (1483–1540)、顏鈞 (1504–1596)、何心隱 (1517–1579) 等，而最重要的就是李贄 (1527–1602) 了。清初小說《梧桐影》描繪晚明江南地區情欲觀念盛行的原因：「自才子李禿翁（指李贄），設為男女無礙教，湖廣麻城盛行，漸漸的南路都變壞了。」也許李贄的思想並非一般人所以為的如此，不過他的形象卻是「男女無礙教」

教主，由此可知李贄在人們心中的形象與影響力。

隨著明王朝的覆滅，入清以後文化上回復到保守的禮教，清代士人已不再以縱欲為風流，士人這方面的閒情逸致也不復存在。然而，「情欲」論述並未就此絕跡。清初的思想界仍有像王夫之 (1619–1692)、陳確 (1604–1677)、唐甄 (1630–1704) 這樣的思想家強調情欲的重要，承認情欲的合理性；不過他們並非當時思想界的主流，不若當時的孫奇逢 (1584–1675)、朱用純 (1617–1688) 等人，以及之後協助清廷重建社會倫理秩序的正統學說，如魏裔介 (1616–1686)、魏象樞 (1617–1687)、湯斌 (1627–1687)、陸隴其 (1630–1692)、熊賜履 (1635–1709) 等人來得重要。

到了十八世紀情欲觀又再度被提出來。到康熙後期隨著理學名儒紛紛謝世，再加上政治敗壞，貪污公行，過去高談的「存理滅欲」在一些講究實效的士大夫眼中，逐漸變得荒唐可笑，由是在知識階層中出現嚴重的逆反心理。其中最著名者

莫過於戴震 (1723–1777) 和袁枚 (1716–1797)，他們都重新提出人性中情欲的合理性。

至於一般的大眾透過戲曲小說以及其他的俗文學，也受到此風之影響。明末名士馮夢龍 (1574–1646) 的《山歌‧序》中，就說明其意圖是：「借男女之真情，發名教之偽藥。」在小說「三言二拍」中充斥著對愛情的大膽描寫，對男女真情的歌頌與讚美，甚至有不少篇章對女子的「偷情」、「外遇」採取了同情的態度。清代也有許多作品如情歌、戲曲選集，所呈現的是閨怨、相思、懷春、偷情等等「情欲」的論述，就如同晚明的論述一般。再者，這類選集常在市面上販售，而且我們也可以看到當時風俗中，在宴客場合演唱這類作品的情形頗為普遍，再加上地方官的禁令告示，在在都證明了這種情欲奔放的呈現，不只是虛擬的藝術想像，而是現實生活的寫照。由此可見，「情欲」論述到了十八世紀仍具有相當的影響力。

奢侈消費的形成，其中一個重要的動力是感官欲望的力量。當這類力量達到一定程度，人們的消費就愈脫離維生需求，而更進一步地往其他方面的消費需求前進。而明清時期情欲論述的出現，正好提供人們追求感官欲望的合理化基礎與動力。這樣的情欲觀也牽動了另一種消費，也就是情欲的消費，於是在明清形成了一批新興的產業，套現代的話語來說，就是「情色產業」。明清的情色產業頗為多元，舉凡豔情小說、春宮畫及青樓妓院等，都可以算是當時的情色產業。

晚明的社會與前代最大不同的特點之一，就是出現大量的色情出版品。這類出版品不但提供了一種感官消費，同時也刺激了滿足欲望的需求。南方江蘇與浙江一帶的書坊，是生產豔情小說的中心。作者忌諱在作品裡署上真實姓名，所以像是《如意君傳》的作者署名徐昌齡，《燈草和尚》署名高則誠，《僧尼孽海》署名唐伯虎，均是書籍出版商偽託假造的。有的作者用的是室名別號，

上圖為「姑蘇繁華圖」中所繪之清代蘇州書坊。

如餐花主人、芙蓉主人、蘭陵笑笑生、又玄子、
情痴主人、艷艷生、西冷狂者、天放道人、青陽
野人等，其真實姓名俱不可考，但他們都是江南
一帶的下層文人則是無疑的，偶而也有一二名士。
至清代豔情小說仍歷久不衰，如《一片情》、《載
花船》等，都是晚明的延續。

此外，晚明社會上還流行一種色情藝術，也就是春宮畫。由於社會的需要和畫家們的熱烈興趣，春宮畫很快地成為這個時期人物畫中的一大題材，我們在許多明清士人的筆記尺牘中都可以讀到，他們對這些藝術作品的鑑賞和神往。坊間亦公然刊行春宮畫冊，如小說《金瓶梅詞話》中所提到的《二十四解》，《肉蒲團》中的《三十六宮春》等等，都是在書坊裡出售的。據荷蘭學者高羅佩 (Robert H. van Gulik, 1910–1967)《秘戲圖考》一書的考證，晚明社會春宮畫冊非常流行，品評風格各異，他們大多產於從隆慶到崇禎的近八十年裡，而成就最高的精品製作於萬曆天啟 (1573–1627) 朝之間的二、三十年間，這是套色木板春宮畫的全盛期，畫面純以線描，又分別用紅黃綠藍黑五種顏色套印起來，給人氣韻生動，明潔流暢之感。到了清代春宮畫雖不像晚明那般精緻，但是相對地較為普及，成了迎合世俗的情趣玩品，也是書商贏利的商品。從清代中央與地方

都曾極力嚴禁淫書淫畫，可知這類出版品之普及。

　　豔情小說的故事發生地點主要是在江南大城市，如《繡榻野史》、《燈草和尚》與《杏花天》的故事背景在揚州，《痴婆子傳》、《巫山豔史》、《桃花豔史》的故事背景在蘇州，杭州則是《浪史》、《載花船》與《春燈迷史》，《鬧花叢》的故事則發生在南京。而春宮畫的大本營也是江南的大城市。這些地方自明代中期以來工商業特別繁榮，是鹽業、紡織業、鑄造業、圖書業的中心，而隨著商品經濟的活躍，在秦淮河及南運河兩岸的青樓畫舫也應運而生。這些地方是富商大賈積聚之處，風俗趨於淫靡，於是形成春宮畫與豔情小說的發源地，以及情色產業的重鎮，進而向全國擴散。

男性的情欲消費

在情色產業中占最重要地位、最不可忽視的就是青樓妓院。妓女是以男性作為消費者，其本身就是一種商品，一種男性情欲的消費品。在明清以前並非沒有妓女，可是這個古老的行業，在晚明的發展達到有史以來的最高峰。當時的士大夫就認為妓女的數量達到空前的程度，例如謝肇淛就說：「今時娼妓布滿天下，其大都會之地動以千百計，其他窮州僻邑，在在有之，終日倚門獻笑，賣淫為活，生計至此，亦可憐矣。」真是「粉黛倚門，充牣城市」。(《五雜俎》卷八) 當時有所謂的官妓，專門負責官場宴會招待陪酒，在南北兩京有教坊司，在地方州縣則有樂戶。另外，還有大批的私娼，稱為「土妓」，俗謂之「私窠子」。

從事這行業的也分等級，高級的妓女不但價錢昂貴，而且社會地位也很高。想要到高級的妓

院消費，少說一次也得數兩至十幾兩銀子。小說
《醒世恆言》的一則著名故事〈賣油郎獨占花
魁〉，描寫賣油郎秦重為了名妓花魁娘子，好不容
易攢了許多積蓄，就為了能一親芳澤。當他上了
妓院找老鴇王九媽問起價錢時，九媽則笑稱：「那
要許多！只要得十兩敲絲。其他東道雜費，不在
其內。」這個價格若與當時工人工資來比較的話，
明代承平時農村長工工資是每年工銀三兩，日工
的價格方面，農村以日銀三分折錢二十餘文為常
價，城市以日銀四分折錢三十文為常價，那麼這
一夜春宵的花費，將是農村長工三年多的工資，
是城市日工將近八個月的薪資。雖然小說中總有
些誇大，也許這個價格並不實際、也不準確，但
是已足夠說明高級妓女的身價不斐。明人張應俞
的《杜騙新書》載有名妓花不如的身價：「每宿一
夜，費銀六七兩方得。」又如《金瓶梅詞語》中
西門慶初到麗春院出手即為五兩銀子；至於要包
占可能的花費更高，如西門慶用三十兩包占鄭愛

月；在梳攏李桂姐時他一次就用了五十兩銀子，以後每月出二十兩。至於贖身之價更高，通常為白銀千兩，令人咋舌，由此可見妓女的身價。

高級妓女的身份地位很高，她們時常遊走於富戶與士大夫之間，謝肇淛談到妓女時就感嘆地說：「至今日而偃然與衣冠宴會之列，不亦辱法紀而羞當世之士哉！」高級妓女陪同明清士大夫旅遊的情形，在當時似乎已是司空見慣。據江南方志的描寫云：「至今吳中士夫畫船遊泛，攜妓登山，虎丘尤甚，雖風兩無寂寥之日。」晚明文人的遊記與筆記中，就常大膽地描寫攜妓嬉遊的情景。如譚元春的〈再游烏龍潭記〉一文花了相當多的篇幅，敘述隨行妓女遇兩時的窘相，對作者而言似乎是旅遊中的另一大樂事。由此可見，攜妓這種行為在當時士大夫的社交圈中，成了一種風流的韻事。即使到了清代亦是如此，如《秦淮畫舫錄》中所提到的名妓楊枝的故事，據作者捧花生的回憶，當時有某位翰林官深為之激賞，還

邀作者僱畫舫，「挾姬為水嬉」。不只是士大夫，只要是富裕市民皆可憑藉自己豐厚的貲財，備上畫舫簫鼓、美酒佳餚，在名姝歌妓的侍候下，遊山玩水，盡情縱樂。就如同乾隆《吳縣志》的記載：

> 吳人好遊，以有游地、有游具、有游伴也。游地則山水園亭多於他郡。游具則旨酒佳餚，畫船簫鼓，咄嗟而辦。游伴則選伎聲歌，盡態極妍。富室朱門相引而入，花晨月夕，竟為勝會，見者移情。

這段文字描寫了江南蘇州好遊之風，因為當地不但有山水園亭的「游地」，還有美酒佳餚與舒適畫船等「游具」，更有歌妓為「游伴」，只要是「富室朱門」都是過著如此醉生夢死的生活。

還有官員與士大夫為了心儀的妓女，特地購豪宅以「金屋藏嬌」。如蘇州名妓楊大，聲名極

盛，向為鹽政齪董某所暱，潛居於別館者歷年數
載。金陵名妓劉二姊，也有某知府為其所惑，約
購屋貯之。這些金屋藏嬌的結局，有的是名妓為
報知遇之恩而死守空閨，有的則是琵琶別抱。富
人花在妓女身上的金錢也毫不吝惜，如明末常熟
富裕市民陳某「狎一妓，為製金銀首飾，妓嫌其
窳，悉拋水中，重令易製。」（捧花生《秦淮畫舫
錄》）再舉一個名妓的例子，是清代西溪山人《吳
門畫舫錄》所記：

> 余鳳簫，字香雪，行二，居上塘。……居
> 無何，有某公子者，千金買笑，匝月（滿
> 月）勾留，所欲力致之，起居服飾，煥焉
> 改觀，耳食者遂爭豔之，戶外屨常滿。

從這則故事，可知名妓一旦為富室官宦所看中，
身份地位及生活品質頓時提高許多，連她周遭的
人也是百般討好她，希望也能「雞犬升天」。

　　從明清的小說看到不少士人與青樓名妓之間的風流事，然而這些故事有部分是小說家的虛構，反映了士人的性幻想。典型的例子如《喻世明言》中第十二卷〈眾名姬春風弔柳七〉的主角，外號柳七的柳耆卿，他也自恃其才，沒有一個人看得入眼，所以縉紳之門，絕不去走，文字之交，也沒有人。終日只是穿花街，走柳巷，東京多少名妓，無不敬慕他，以得見他為榮。若有不認得柳七者，眾人都笑她為下品，不列姊妹之數。所以妓家傳出幾句口號云：

　　　　不願穿綾羅，願依柳七哥；不願君王召，
　　　　願得柳七叫；不願千黃金，願中柳七心；
　　　　不願神仙見，願識柳七面。

不過，士大夫在實際消費妓女時，其實並沒有小說中形容的那麼風流，因為他們也面臨了另一種的社會競爭，那就是商人的威脅與競爭。在上述

的這則故事中就描述到有一個黃秀才與妓女周月仙情投意合，但是因秀才家貧，又同時有個富人劉二員外要娶月仙，二人競爭的結果，就像小說中言：「自古道：『小娘愛俏，鴇兒愛鈔。』黃秀才雖然儒雅，怎比得劉二員外有錢有鈔？」即使是像柳耆卿原來在江州與名妓謝玉英訂有終身之約，當柳耆卿在餘杭任縣令三年任滿還京，想起謝玉英之約，便道再到江州時卻是人事已非：

原來謝玉英初別耆卿，果然杜門絕客；過了一年之後，不見耆卿通問，未免風愁月恨。更兼日用之需，無從進益，日逐車馬填門，回他不脫，想著五夜夫妻，未知所言真假，又有閒漢，從中攛掇，不免又隨風倒舵，依前接客。有個新安大賈孫員外，頗有文雅，與他相處年餘，費過千金。耆卿到玉英家詢問，正值孫員外邀玉英同往湖口看船去了。耆卿到不遇，知玉英負約，

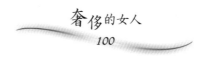
快快不樂。

柳耆卿起碼也是個縣官，卻也敵不過徽州商人孫
員外的「費過千金」，謝玉英終是負約而去。清人
二石生在《十洲春語》中露骨地說：

> 若士生窮愁，更何能與魚鹽負販輩，揚錢
> 刀而競豪侈哉！將謂董宛之於冒，李香之
> 於侯，花藪柳澤之中，非無感眛微茫，情
> 鍾心許者，而百不得一，求合益難，亦聊
> 於吟嘯之餘，以之佐觴酒，寫牢愁，等諸
> 聽鳥當歌，對花當舞之意云爾。

論財力，窮書生絕非家財萬貫的富商之對手；再
者，像是董小宛與冒辟疆、李香君與侯朝宗，這
樣圓滿的才子佳人愛情故事畢竟是少數。在這場
情欲競爭的戰場上，書生注定會敗下陣來。

總之，無論是富人或士大夫在討好妓女這方

面的花費算是相當大手筆,相對地在培養「文化
氣息」與「文化事業」的投資方面,則是相當吝
嗇。所以許多下層的士人見此狀總是有萬分的感
慨,如明人鄭瑄就說:「每見富貴者,寧豐財多
粟,納好寵姬,何嘗肯隆禮厚幣,延好師席,寵
姬辦首飾則甚易,子弟買書冊則甚難,蘭房用度
必是周緻,書院缺典,寘之不問。」清初著名的
文人戴名世曾以賣文授徒為業,他也有類似的感
嘆:「余文章之名故在四方,所至必有主人延掌書
記,或遣子弟受學,然大抵皆出於耳食,計日傭
賃而已,未有行度外之事而給余養親隱居讀書之
費者。而倡優便嬖之徒居其門下者,輒傾囷倒廩
以與之而無所惜。」這種現象頗具「現代性」,如
同當下的社會風氣,對偶像明星的崇拜使他們身
價大漲,一場表演就可賺進數百萬元,而大學教
授的上課與演講只有微薄的鐘點費與酬勞,看來
知識消費的廉價,是遠遠不及情色娛樂消費的地
位,這似乎是歷史現象的延續。

妓女的奢侈消費與其作用

晚明時期在大城市中可說是妓女充斥，以青樓聞名的城市相當多，如蘇州、杭州、南京等皆是。尤其是在明季，青樓文化中的名妓，在士大夫文化中占有相當重要的角色。清初雖曾一時蕭條衰微，但隨後就漸漸復甦，乾嘉時期的妓院甚至有較明代更趨興盛的情形。然而因為各種原因，青樓文化已不像明季，在士大夫文化中不再占有主流的地位。

明清的妓女可以說是一批高消費者，所以明清時人在討論奢侈風氣時，常會指責有「娼優僭濫」的消費現象。確實在許多奢侈消費方面，都可以看到妓女作為主要的客戶。她們不但是高消費者，也是流行時尚的領導者。尤其是在高級妓院中賣藝不賣身的名妓，不但留下了許多追求自由戀愛的故事為人津津樂道，而且她們還周遊於

文人士大夫的社交場合之間，帶動了一波波奢侈
消費的流行風尚。

一、女裝皆踵娼妓

　　明清妓女帶動流行時尚最顯著的例子，就是
表現在婦女的流行穿著上。明清的方志時常指責
娼優在服飾穿著上的奢華，像是娼優穿著貴重的
「羅褲雲履」，或是形容娼優穿著「黃金橫帶」，
甚至是「戴貂衣繡，炫麗矜奇」。李斗的《揚州畫
舫錄》中描寫了揚州小秦淮妓館中的妓女穿著，
其奢華之狀與一般婦女大不相同：「大抵梳頭多雙
飛燕、到枕鬆之屬，衣服不著長衫，夏多子兒紗，
春秋多短衣，如翡翠織絨之屬，冬多貂覆額蘇州
勒子之屬。」

　　談到明清婦女的流行服飾，大半是妓女最先
穿著而帶動流行的。最早在明朝成化至弘治年間
(1465–1505)，曾一度流行從朝鮮傳來的舶來品
──「馬尾裙」，據記載當時北京最初穿著的人
「惟富商、貴公子、歌妓而已」。至明朝中葉以後

帶動婦女流行服飾「時樣」或「時妝」的也是妓女，正如明人范濂《雲間據目抄》所說的：「女裝皆踵娼妓，則難為良矣。」談遷 (1594–1657) 的《棗林雜俎》也指出：「弘治、正德初，良家恥類娼妓。」但是到明季則風氣大變，他嘆道：「余觀今世婦女妝飾，幾視娼妓為轉移。」清人余懷 (1615–1695)《板橋雜記》說：「南曲衣裳妝束，四方取以為式。大約以淡雅樸素為主。」清中葉金安清所撰的《水窗春囈》也有相同的感慨：

> 婦女粧飾，皆效法蘇州，蘇州則又以青樓中開風氣之先。仕宦者反從而效之，其故不可解。

可見江南婦女的流行妝飾，都是最先由青樓中的女子所帶動的，到後來連達官貴人家的婦女也效法之。

　　尤其是名妓之流更是風尚的創造與流行推動

左圖為明末清初南京名
妓董小宛。她與明末四公
子之一冒辟疆的愛情故
事素為人所樂道，而且她
的服飾亦是當時婦女仿
效的對象。

者，如晚明名妓董小宛 (1624-1651) 的穿著服飾，
都是當時士女仿效的對象。冒襄 (1611-1693) 在
《影梅菴憶語》中曾記到某日為董小宛送行，舟
泊江邊，當時正好冒辟疆有友人贈送他西洋布，
所以他特以之為小宛製作新衣，「薄如蟬紗，潔比
雪艷，以退紅為裡。為小宛制輕衫，不減張麗華
桂宮霓裳也。」據其描述當他二人同登金山時，

山中有遊人數千，尾隨他二人，並驚呼其為神仙。
當他們繞山而行時，凡是所停留的地方，都有龍
舟畫舫爭相停靠，或是回環數圈不去。由此可知
董小宛個人服飾如何成了眾人目光焦點。

　　到了清代，青樓名妓仍是服飾風尚的引領者，
如《吳門畫舫續錄》云：

　　　時世妝，大約十年一變，余弱冠時，見船
　　　娘新興緩鬢高髻。鬢如張兩翼，髻則疊髮
　　　高盤，翹前後股，簪插中間，俗稱「元寶
　　　頭」，仿古之芙蓉髻。後改為平二股，直疊
　　　三股，盤於髻心之上，簪壓下股，上關金
　　　銀針，意仿古之四起髻。今又改為平三套，
　　　平盤三股於髻心之外，意仿古之靈蛇髻也。
　　　鬢則素尚鬆緩，若輕雲籠月然。

這裡說的主要是指蘇州婦女在髮髻上流行的變
化，所謂的「船娘」指的是乘坐畫舫陪伴出遊的

船妓們，她們在髮髻上所營造的是一股「仿古」的時尚，進而成了帶領流行的「時世妝」。若要說她們是時尚的創造者，可真一點也不為過。

二、視珠玉如瓦礫

至於明清高級妓院的生活水準，皆非常人家庭所能及，許多高級的奢侈品對青樓而言，已成了日常用品。明代蘇州著名的惠泉水烹茶、四糙冬春米飯、孫春陽橡燭等高檔的消費品，以及到了清代蘇州的宋公祠法製半夏陳皮、仰蘇樓各種花露、西洋印花衫裙巾袖、五色鬼子闌干等奢侈品，「青樓中皆視為尋常日用所不可無」，甚至是動值金錢二、三十萬的雲南翡翠等，在青樓中都「視珠玉直瓦礫矣！」（箇中生《吳門畫舫續錄》）

各大城市中專門提供婦女消費的高級精品店，主要光顧的大客戶之一就是妓女。如明季的南京妓院區內開設了不少精品店，販賣的商品包括香囊雲舄、名酒佳茶、餳糖小菜、簫管瑟琴等等，據說都是上品之屬；凡是外間人來買者，都

不惜貴價，而女郎也都在此購物以為贈遺，亦無俗物也。到清代城內的姚家巷、利涉橋、桃葉渡頭等地，也有許多蘇州人開設的星貨鋪，所賣的都是像手絹、風兜、雨繖、棠木屐、重臺履、香裹肚、洋印花巾袖之類的精品，所謂：「故諸姬粧飾，悉資於此，固由花樣不同，亦特視為奇貨矣。」甚至城市內的花市所售的高級名花，即使是大戶富家都尚未及見，而妓院中諸麗人卻不惜重貲預給花匠購致，以助新妝。(《畫舫餘譚》)

三、青樓迥非塵境

此外，明中葉以後名妓所住的高級妓院建築形式，可以說是各地城市內奢華建築的代表之一。就像是前文中曾提到的江南流行營治第宅，甚至「下至勾闌之中，亦多畫屋矣」。在小說〈賣油郎獨占花魁〉的故事中，我們可以從王九媽引領秦重逛妓院的情景，看到妓院內部的佈置與陳設：

王九媽引著秦重，彎彎曲曲，走過許多房

頭，到一個所在，不是樓房，卻是個平屋
三間，甚是高爽。左一間是丫鬟的空房，
一般有床榻桌椅之類，卻是備官鋪的；右
一間是花魁娘子臥室，鎖著在那裡。兩旁
又有耳房。中間客座上面掛一幅名人山水，
香几上博山古銅爐，燒著龍涎香餅，兩旁
書桌，擺設些古玩，壁上貼許多詩稿。

以上的描繪倒也並非全是小說家杜撰之詞，如《板
橋雜記》一書中談到明末南京名妓李十娘所居之
處，有曲房密室，帷帳尊彝，楚楚有致。中構有
長軒，軒左種老梅一樹，開花時香雪霏拂几榻。
軒右則種梧桐樹二株，及巨竹數竿。每日晨夕洗
桐拭竹，翠色可餐，人稱：「入其室者，疑非塵
境。」妓院的內部佈置能夠呈現如此「迥非塵境」
的園林意趣與特質，絕非一般人家的居住條件。
這就同士大夫文人的書房一般，是一種奢侈的物
質文化消費所堆積而成，由此再度驗證了妓女的

消費能力。這樣的消費其實是一種社會與文化資本的投資，為的是與文人文化聯繫，以利其接近縉紳士大夫。

姝女當其成名後，如果不住在妓院，也會自購豪宅。從《吳門畫舫續錄》與《秦淮畫舫錄》二書中，可見清代名妓購買樓房與園林自居的例子。如蘇州的名妓待有餘資後，即會購樓臺於近水處，內部佈置得几案整潔，筆墨精良。當春秋佳日，妝罷登舟，極煙波容與之趣。或是薄暮維船，登樓重讌，添酒迴鐙，宛如閨閣。若遇風雨則不出門，或至酷暑嚴寒，亦是千呼不出。又如金陵名妓馮乙官，謝客後頗豐於貲，遂棄武定橋故居，而新購油坊巷豪舍，栽培養女寶琴繼承其衣缽，後果成為個中翹楚。另有一位原依附於馮乙官的妓女顧愛子，不久成名後也購屋於手帕巷，自立門戶。這些名妓所購之住宅，絕非一般人所能買得起的。再比如清代揚州名妓蘇高三，本名蘇殷，號鳳卿，小字雙鳳。她所住的豪宅據《揚

州畫舫錄》的形容如下：

> 門內正樓三間，左右皆為廂樓，中有空地
> 十弓，臨河度版，中開水門。樓上七間，
> 兩廂樓各二間，別為子舍。一間作客座，
> 一間作臥室，皆通中樓。樓下三間，兩間
> 待客，一間以綠玻璃屏風隔之，為高三宴
> 息之所。

這樣的格局應該是二層樓的三合院或是四合院，
而且院子還有小河流經過，這種住宅大多出現在
華南地區，而且是大地主或富家豪門才能住得起。
以上的例子，再加上前述許多官宦與富商購新居
以「金屋藏嬌」的情形，都可以說是間接地促進
住宅豪奢的風氣。

四、名姬載酒嬉遊

　　妓女在休閒旅遊的花費亦高，每當重要的節
日，在許多重要的旅遊景點，像是江寧的秦淮河

上、蘇州的虎丘山塘、揚州天寧門外之平山堂，
都可以看到她們的身影。就拿杭州著名的西湖為
例，每當春夏與晚秋之時，大批的遊船如湖船、
遊敖、畫艦或舴艋紛紛出遊，而且好遊的士女中，
多為「青樓冶妝」，所謂「綺繒與花柳相艷也」。
又如明人費元祿描寫鉛山的鼉采湖端午龍舟競渡
的情景，不但有楫櫓試舟者數以百計，兩岸也是
士女雲集，所謂「歌人麗妓，幔不停聲」。妓女出
遊莫不精心打扮，遊船裝飾也異於常人。例如清
代金陵名妓在平日旅遊時乘畫舫，端午節觀龍舟
競渡時乘樓船，「名姬三五，載酒嬉遊，簾影衣
香，隨風搖曳」。又如清代揚州的小秦淮區妓館也
是常「買棹湖上」，船的外觀裝飾與一般載婦女的
堂客船大異，甚至在湖上市會日時，妓舟齊出，
場面甚是壯觀。這一方面是炫耀性消費，一方面
其實也是她們吸引客人的廣告方式。

　　也因為妓女活動與妓院的華麗，使得江南這
些大城市內及其附近的旅遊景點人潮更多，帶動

了旅遊消費的風氣。明人王士性 (1436–1494) 就
指出南京秦淮河一帶，所以成為著名景點的原因：

> （秦淮河）水上兩岸人家，懸樁拓梁為河
> 房、水閣，雕欄畫檻，南北掩映。夏水初
> 闊，蘇、常遊山船百十隻，至中流，簫鼓
> 士女闐駢，閣上舟中者彼此更相覷為景。
> 蓋酒家煙月之趣，商女花樹之詞，良不減
> 昔時所詠。（《廣志繹》卷二）

秦淮河兩岸雕樑畫棟的建築，以及滿載豔妝婦女
的遊山舟，形成「閣上舟中」相互輝映的景觀。
總而言之，秦淮河一帶如果沒有兩岸林立的青樓，
沒有雲集的畫舫，沒有豔妝冶遊的妓女，就一點
也吸引不了人潮。

　　附帶一提的是，明清著名的旅遊景點附近，
似乎也有色情服務業者，如明清朝聖進香的聖地
泰山，在前往到離州城數里時，就有牙家走迎，

而且還有妓館十數間，優人寓十數間，提供特別
的服務。(《琅嬛文集》卷二)單由這個例子來看，
旅遊業與色情服務業，似乎已經有某種程度的結
合，而互蒙其利。

五、姬家食單之美

在明清的飲食消費風尚中，妓院的影響力亦
不小。青樓妓院的酒菜佳餚所費不貲，據清人珠
泉居士《續板橋雜記》的記載，清乾隆時金陵秦
淮河諸名妓家廣筵長席，「日午至丙夜，座客常
滿，樽酒不空，大約一日之間，千金糜費，真風
流之藪澤，煙月之作坊也。」不但是飲宴奢華，
更重要的是味美絕倫，像《吳門畫舫錄》就說：

> 吳門食單之美，船中居勝，而姬家則尤諸
> 船之勝。

青樓妓院內的酒菜之所以特別精緻美味，一則因
為絕大部分高級妓女都可以說是美食鑑賞家，其

中許多人進而掌握了精到的烹調技藝，如董小宛就精於飲食，又如明代名妓「手帕姊妹」所組織的「盒子會」，就是專門聚在一塊鑽研烹飪技術。

再者，青樓妓院中往往有許多著名的廚娘助陣，平常在妓院廚房中已備有水陸珍奇，若有客人倉促而來，廚娘馬上就可以作出精美可口的菜餚，人稱：「燕飲之便，莫過於斯。」這些廚娘不但手藝精進，而且所選用的食材與瓜果，也都是上等貨色。《吳門畫舫續錄》中提到蘇州瓜果無所不有，洞庭光福天池諸山所產惟有白楊梅只可貽贈，不肯售買；而水蜜桃產自上海木瀆鎮，茄桃出蕩口鎮；雙鳳西瓜出鎮洋，以果實內黃白者為最，皮脆薄，甘美異常。妓院的廚娘都會預先購好，貯藏於井中，待到酒興初闌，再盛以晶盤，出諸瑤席，座中客人無不攘腕爭食。

有些妓院並無廚娘者，則院內的餐飲都是由其附近的食肆酒樓提供，像是清代金陵城內著名的茶寮酒肆，東則桃葉渡口，西至武定橋頭，莫

左圖是明人繪 「清明上河圖」
中的青樓，下圖是清末《點石
齋畫報》所繪上海的妓院場景。

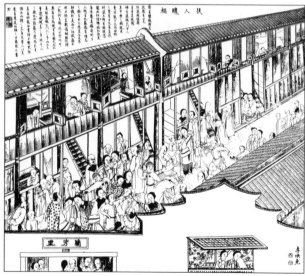

不張幕挑帘，食物具備，皆足可供妓院青樓款客。還有專門的茶食店，其中又以利涉橋的陽春齋、淮青橋之四美齋為上，諸姬凡是款客饞人，亦必須此。據云兩齋皆是浙江嘉興人所開設，內部的製造與裝潢較之本地店鋪倍加豪華。清代的寧波有所謂「院中餚席，多資於肆樓」。還有所謂的「包桌」、「點菜」之名，而著名的菜名，即所謂「食品之俊」者有騎馬蛤、桃花螺、丁香螺片、鴛鴦冰鮮羹等等，「小食」則以鹽紗餅、椒卷、玉蘭酥、芙蓉餃、水餃、蘇葉餅、鳧茨糕諸種為最佳。妓院附近酒樓有因此而聞名者，諸如東門街狀元樓、大觀樓，鼓樓前聚景樓、春和樓，靈橋門街義聚樓、臨江樓，郡門前聚賢樓，縣署前聚勝樓，三法卿天樂樓，江東如松樓、三江樓，東門外敘金樓等皆是。總之，妓院青樓刺激了飲食服務業與飲食風尚的精緻化發展。

小 結

　　從上述可知妓女在奢侈消費方面的重要性，近年來明清婦女史的研究中青樓文化的研究成果相當豐碩，然而關於這一點卻是過去較被忽略的一面。著名的經濟學家桑巴特 (Werner Sombart, 1863–1941) 在《奢侈與資本主義》一書對於西方十七世紀奢侈現象的分析，特別強調女人，主要是宮廷情婦、寵姬，尤其是高級妓女對上流社會的影響作用。她們給宮廷以及整個社會帶來對財富的渴求、誘惑力、巨大的消費、盛大的娛樂生活等等，從而使整個社會瀰漫了一種揮霍無度和追求奢侈的風氣。尤其是高級妓女已經成為當時有產者的妻子在時尚與興趣方面追隨的對象，桑巴特稱之為「妓女的時代」。再看看上述有關於明清妓女的描繪，我們或也可以形容明清時期是一個「名妓的時代」。

男性的批評

　　明代中葉以後一直到清代都有許多士大夫，對於婦女奢侈消費提出許多的批評，尤其集中在婦女的服飾、旅遊與娛樂消費等三方面。這些出自男性的批評，有相當程度是與當時整個社會奢侈風氣的批評一致，並不全然是站在性別的角度所作的批評。但是其中也有部分的論述明顯地帶有性別的偏見。甚至在男性為主導的政治裡還會有更嚴厲的措施，也就是以法令來規範或禁止婦女的奢侈消費活動。

浪費與財政

　　傳統中國政府的經濟觀念是強調「崇儉黜

奢」，在此觀念影響之下，奢侈消費被視為一種浪費。明代曾任內閣首輔的申時行 (1535–1614) 在〈吳山行〉一文，一方面描寫蘇州旅遊季節時士女群聚的狂熱景象，另一方面也說：「若狂舉國空豪奢，比歲倉箱多匱乏；縣官賦斂轉增加，閭閻凋瘵（按：乃肺癆病也）誰能恤，杼軸空虛更可嗟。」他批評這種旅遊活動太過奢侈浪費，使得官、民蓄積不多，一旦地方政府增加稅賦，必會導致人們無力負擔，國家基礎也因而動搖。康熙年間任江南巡撫的湯斌，在其〈告諭〉中也有類似的看法：

> 衣食之原，在於勤儉。三吳風尚浮華，不安本分，胥隸屠沽倡優下賤，無不戴貂衣繡，炫麗矜奇。……又有優觴妓筵，酒船勝會，排列高果，鋪設看席，糜費不貲，爭相誇尚，更或治喪舉殯，戲樂參靈，尤為無禮。凡此種種，皆百姓火耕水耨辛苦

所致。恣其浪費，毫不檢惜，民力安得不
竭，國稅安得不逋。

湯斌進一步地認為奢侈消費會耗盡民財，不但不
利於民間的儲蓄，更重要的是對國家的財政稅收
會帶來不良的影響。所以湯斌下令自後胥隸倡優，
不許再穿著花緞貂帽與緞靴，有犯者允許人們扭
送官衙，並將奢侈品變價充賞。而尋常宴會也要
節儉，酒席不能超過五簋。過去流行的酒船妓樂，
高果看席，以及喪殯戲樂等，一概禁止。若敢有
故意違法者，該地方官要嚴拏究懲。

　　明清有不少地方官員與士大夫抱持上述的這
種看法，在他們的眼中，婦女從事的奢侈消費，
也會損及民生，也應當下令廢止，如在湯斌之後
的江南巡撫陳宏謀 (1696–1771)，也曾發佈過〈風
俗條約〉，特別針對當時婦女的流行服飾提出批
判：

> 婦女宜端莊潔淨，不在艷妝華服，素衣淡妝，荊釵布裙，更見女德。身著綺羅紬緞，頭戴金銀首飾，已云華美，何乃裙必繡錦織金，釵環必珍珠寶石，以貴為美，以多為勝。雖販豎肩挑之輩，逐日營趁，生計艱難，而妻女亦皆紬緞金珠，不肯一著布素，物力日難，奢靡日甚，焉得不貧？貧則無賴何所不為，此地方官所宜勸誡者。

陳宏謀搬出「生計艱難」與「女德」這兩套大道理，前者是從浪費難以營生的角度作勸說，後者則利用道德的角度來教化百姓。他對於這樣奢華的情形下令：「嗣後地方官見有此等，均宜量責以示懲戒，婦女則懲其夫男也。」以上對奢侈的批評雖然也提到婦女奢侈，但大多不帶有特別的性別歧視。至於談到「女德」，就涉及了禮制與教化的問題了。

禮制與教化

明清時期不僅僅是婦女奢侈，而是整個社會奢侈消費風氣的盛行，才會造成士大夫眼中「僭越逾制」的現象。明清時期有部分士大夫想建構「禮」學的思想，或是以實踐禮制的方式，來端正教化風俗。在明清的方志與其他文獻中，可以看到他們提醒當地的士大夫與地方官之責，就是要糾正與禁止奢侈消費所造成的違禮僭越之行為，當然婦女的奢侈消費也是要禁止的。如江西廣信府明代的方志作者就說當時男女服飾式樣奢華，「今不以分制，而以財制，侈富踰節者，亦既多矣。」並批評道：「噫！失侈甚而犯禮多，渾樸消而殷富替，豈惟信哉？觀俗者可感矣。」明人余永麟在《北窗瑣語》中也提到當時婦人有身穿披風及大袖者，有民謠云：「婦人穿道衣，人多失禮體。」他說：「秉禮者痛之，建言於朝，遂有章

服詭異之禁。」的確，在當時有不少官員上奏痛陳社會奢僭，要求加強公權力執行相關的禁令，如明人汪鋐的〈欽遵聖訓嚴禁奢侈疏〉就說：當今之富民男女衣服首飾僭用太甚，遍身盡是錦繡，盈頭滿是金寶，恬不為怪。應該行令巡按御史會同府州縣掌印官，嚴加禁約。今後只要有前項違禁服飾，准許地方老人鄰居捉拏呈送，依律問罪。服飾則追奪入官充公，如果地方有徇情而不舉發，查出後也要一體治罪。

不過，在這類強調禮制教化的論述中，有一類專門針對婦女，特別是針對婦女的旅遊與娛樂活動。就以江南為例，除了上節中所引述湯斌的〈告諭〉以外，之後的巡撫如陳宏謀也發佈過〈風俗條約〉，主張婦女進香旅遊應禁止：

> 婦女禮處深閨，坐則重簾，出必擁面所以別嫌疑，杜窺伺也。何乃習于游蕩，少婦艷妝，拋頭露面，絕無顧忌，或兜轎遊山，

或鐙夕走月，甚至寺廟游觀，燒香做會，
跪聽講經，僧房道院談笑自如。

他認為婦女就該「禮處深閨」，不應拋頭露面，更
何況是去旅遊進香。所以他規定：「現在出示庵
觀，有聽從少年婦女入寺廟者，地方官即將僧道
枷示廟門，仍拘夫男懲處。」他們的後任人對前
任官員的觀點都深有同感，所以到清中後期的江
南巡撫，如裕謙 (1793–1841) 有〈訓俗條約〉，丁
日昌 (1823–1882) 有〈告諭〉，其中都強調了婦女
的行為規範問題。在巡撫以下的官員，也有許多
類似的告誡。如清初戴舒庵在浙江天台縣任上，
先後發佈了〈嚴禁婦女入廟燒香以正人心以端風
俗事〉，及〈再行嚴禁婦女入廟燒香以養廉恥以挽
頹風事〉，均批評當時婦女紅裙翠服，俏裝倩服，
攜榼提壺，玩水遊山，朝神禮佛等現象，認為這
些「真正可鄙，可賤，可悲，可痛！若不嚴加禁
止，將來敗俗安窮！」這樣的作法是對婦女活動

空間的一種制約，不顧婦女的需求，也不承認現
實。

服妖與亡國

　　還有些士大夫將奢侈消費的行為作了一種奇
特的衍伸，將之與傳統陰陽五行的災祥觀念聯繫，
塑造出一種現象，以為奢侈消費會帶來災禍。這
樣的論述在服飾方面最為明顯，這也就是所謂的
「服妖」論。在服妖的論述中，婦女服飾也是一
環。例如前文提到在明中葉於京師流行一時的「馬
尾裙」，就有士大夫指此為「服妖」。在陸容
(1436–1494) 的《菽園雜記》與王錡 (1433–1499)
的《寓圃雜記》二書中，也將之比擬為服妖。清
代松江府金山縣方志提到當時婦女服飾奢華的現
象時也說：「今則衣帽華麗，婦女亦為宮粧等名
色，雲片垂後，絡以金珠，晃耀人目，識者以為
『服妖』，無怪乎俗日貧，而貴賤無等也。」

「服妖」之說衍伸到極致，甚至認為國家的興亡亦與之有關。歷代正史的〈五行志〉中也有將國家衰亡與社會動亂，歸因於君王或百姓流行的奇裝異服，而稱之為「服妖」。尤其常見的是將尚胡服之風，說成是「服妖」作祟，結果導致天下大亂，國家衰亡。如漢末董卓之亂、晉末五胡亂華、唐代的安祿山之亂等等，都是典型的範例。明清的士大夫便引用這些歷史典故，藉以強化服制禁令。他們主張流行服飾的風尚，就是會導致國家衰亡與社會動亂的「服妖」，所以應該嚴厲禁止。如萬曆《河間府志》引陳士彥語論西晉末年之亂源：

> 今河間男子，間有左衽者，而婦人尤多。至於孺子環狐狗之尾以為冠，而身被毛革以為服，謂之「達粧」。夫披髮野祭，聖人憂之，則奈何其可勿禁也。晉太康中，俗以氈為絈頭，及絡帶褲口，百姓彼此互為

嘲戲以為服兒；未幾，劉石之變遂起。

該方志的作者把當地男女流行的左衽服飾，以及孩童的狗尾髮型和穿著皮革衣服的風俗，比喻成西晉末年導致劉石之變的服妖。言下之意，此地未來必遭兵燹與動亂。

尤其是每當朝代動蕩之際，服妖之說就特別盛行。明季士大夫面對當時發生的變亂，也同前代一樣將之歸因於當地人民喜好奇裝異服的「服妖」，終將致遭身家之變。尤其婦女的流行服飾，常被指責為「服妖」。明季的社會與政局動蕩不安，以遼東與陝西二地為甚。當時即有士人批評遼東的戰禍，乃是婦女的流行服飾所致。如北直隸保定府屬內邱縣，據崇禎年間刊本的《內邱縣志》中，記載萬曆以後該地富家婦女戴梁冠、披紅袍、繫絛帶，又或著「百花袍」的情形。接著作者就批評這種是服妖的現象，就像明季遼東地區曾因服飾上出現了很大的變化而導致戰禍，所

上圖係明清之際一般南方中層社會婦女的家常裝束,其所穿即是當時流行的「水田衣」,士人批評為「服妖」。

謂:「興冶服,五彩炫爛,不三十年而淪於虜」;果然內邱縣的「百花袍」流行二十年後,該地「兵災交集,死填溝壑」。又如晚明在婦女間流行一種名為「水田衣」的服飾,在明末由民婦之服轉成大家閨秀的服裝式樣,至崇禎年間尤為盛行。文人李漁的《閒情偶寄》中曾論及水田衣,他特別

大加撻伐：

> 風俗好尚之遷移，常有關于氣數。此制不
> 昉于今，而昉于崇禎末年。予見而詫之，
> 嘗謂人曰：「衣衫無故易形，殆有若或使之
> 者，六合以內，得無有土崩瓦解之事乎？」
> 未幾而闖氛四起，割裂中原，人謂予言不
> 幸而中。

歷經明清易代，身為明遺民的李漁和其他明遺民
一樣，在晚年常會思考明朝所以滅亡的原因。他
將國家的「氣數」與「風俗」好尚的變遷聯繫起
來，主張婦女穿水田衣是一種「衣衫無故易形」
的風俗變遷，最終導致國家的土崩瓦解。

「服妖」論述之中還有一類是涉及性別觀的，
也就是針對當時男女服飾相混的現象，而塑造出
來的「陰陽反背」說。儒家禮教重視男女有別，
先秦禮制也有「男女不通衣服」的明訓，在歷代

正史的〈五行志〉中把男女服飾相混的現象，也
視為一種「服妖」。如明人蕭雍《徵山會約》中就
說：「又有女戴男冠，男穿女裙者，陰陽反背，不
祥之甚。」也有士大夫針對女服式樣的「變亂陰
陽」，主張以法禁之，並嚴格執行，甚至下令將婦
人與「妖服」一起拿送到官。如嘉靖十五年
(1536) 南京尚書霍韜 (1487-1540) 題請通令各省
府縣，每家婦女於半個月內要將舊有衣服照官方
規定的樣式改製，若有不改而穿著者，「許地方人
等連人拿送到官首告，即將本婦、妖服給告人充
賞，仍提夫男問罪。」他認為在服飾上男女有別，
服飾式樣是為「別男女」，但是當時流行的女衣是
仿男服式樣，如此一來會打亂了「男女之辨」與
「陰陽之分」，所以抨擊這種婦女服飾是為「服
妖」也。

代結論：
婦女奢侈消費的歷史作用

　　至此我們也可以進一步思索的問題是：明清婦女的奢侈消費是否促進了當時產業的發展或變化呢？以下將分別討論與婦女奢侈消費有關的產業，包括服務業、成衣業與食品加工業。

服務業的繁盛

　　當人們的消費能力提高，在脫離生存需求的階段之後，自然地會往享受性的需求走，服務業也由之而生。明清盛行的奢侈消費風氣，帶動了服務業市場的繁榮。我們可以看到明清時期多元的服務業發展起來，尤其是在江南地區的大城市。

明人陸楫 (1515–1552) 在《蒹葭堂稿》中主張「奢易為生」的文章，提到被視為奢靡的遊樂活動所具有的正面作用：

> 只以蘇杭之湖山言之，其居人按時而遊，
> 遊必畫舫、珍饈、良醞、歌舞而行，可謂
> 奢矣。而不知輿夫、舟子、歌童、舞妓仰
> 湖山而待爨者，不知其幾！

正因為遊樂時還要有畫舫、珍饈、良醞、歌舞等奢侈消費，才帶動各式各樣以娛樂為目的之服務業，也是提供輿夫、舟子、歌童、舞妓等職業人的就業機會。他接著還說富商大賈與豪家巨族在宮室、車馬、飲食、衣服方面的奢侈消費，正好讓耕者、庖者、鬻者、織者有利可圖。清人顧公燮也指出像蘇州這樣的大城市內，除了販賣製成品的洋貨、皮貨、綢緞、衣飾、金玉、珠寶等商店外，還有服務業如戲園、游船、酒肆、茶店等，

可說是如山如林，不知幾千萬人。所謂：「有千萬人之奢華，即有千萬人之生理。」

明清時期也有官員特別指出，江南遊樂與奢侈消費的活動具有一定的經濟效益，不應該禁止，否則反而會導致經濟蕭條、人們失業，如萬曆年間王士性在《廣志繹》書中，對於杭州的「遊觀」認為是百姓所藉為利者，若是官府禁之，會使漁者、舟者、戲者、市者、酤者，「咸失其本業，反不便於此輩也。」又如葉權 (1522–1578) 在《賢博編》一書中，更是以杭州西湖為例，說明旅遊興盛對人民的生計是有益而無害。在他的觀察中，杭州及其附近住民即倚靠觀光旅遊業為生，若一旦禁止反而使百姓生業無著。過去每遭兵燹時，西湖的旅遊業衰退，百姓生計即遭損，此萬萬非太平景象。所以他認為：「逾遊逾盛，小民逾安樂耳！」旅遊業愈盛、愈奢華才是好現象。清代江南的地方官陳宏謀、胡文伯都曾在蘇州禁香市、封戲館，不料數萬人失去生計，惹得怨聲載道。

這些遊樂活動何嘗不見婦女的身影呢？前文已述及明清許多這類遊樂活動中，婦女也是很重要的參與者與消費者，婦女的消費對服務業的繁盛應有一定的正面作用。即使是青樓妓院或是其他類的情色產業，也都提供了一批就業機會。舉一個實際的例子是《吳門畫舫錄》中描述工於演劇的名妓陳桐香，往來吳越間演戲，造成轟動，形成負販駢集的景象，也提供了「游手無業者」的工作機會：

> 往來吳越間，所識多豪門右族，貴戚公子。或買舟向村落，居人斂錢演劇，士女如雲，負販駢集，陸博踢毬之徒，以及游手無常業者，往往藉姬以食，姬可謂超乎流輩矣。

另外，寄生在妓院為生的相關從業人員相當多，如小說《金瓶梅詞話》中描寫到一批仰賴妓院謀生的男子，包括幫嫖牽線的「幫閒」與「架兒」，

提供踢球娛樂以討賞的「圓社」，以及行頭、俳長等等。他們對妓院經營的效益有潛在的影響，可以說是一種活動的廣告，有為妓院招徠生意的作用。其他的明清的小說中都可以看到幫閒這類分子的蹤影，如崇禎間刊行的《鼓掌絕塵》，乾隆間艾衲居士著的《豆棚閑話》等，由此可見這類人等在城市人口中絕非極少數。

成衣業與食品加工業的發展

明清江南婦女的服飾風尚既然風靡全國，就不應忽略江南服裝製作業的發展。在明清江南，服飾製作被稱為成衣業。明代江南成衣業已相當發達，所製衣服的款式稱全國之冠，所謂：「四方重吳服，而吳益工於服。」成衣業在江南最集中的是杭州、南京與蘇州三大都市。江南的成衣業在明清時期都走向商業化與專業化的生產，就以蘇州為例，乾隆四十五年 (1780) 成立了成衣業行

會──成衣公所，由此可知成衣業已發展到一定的規模，成為重要的產業部門；到清中葉隨著專業化分工的發展，又於道光二年 (1822) 與咸豐六年 (1856) 分別成立了壽衣業的雲錦公所、估衣業的雲章公所。成衣業不但是集中在城市，也在市鎮中發展，如湖州雙林鎮清初有衣莊七十餘所，乾隆時還存十之六。這些衣莊所收，多是鄉鎮女紅所製的衣履。

其次，與明清婦女最喜愛的食品有關的，是食品加工業中的糖果糕點製作業，以及製造蜜餞的果品加工業。在江南的城鎮這兩類產業同樣地出現專業化與商業化的現象，從而發展成為具有一定規模的生產部門，而且這些產業都出現了程度不同的技術進步。商業性的糖果糕點製作，早在宋代江南已有之，但是規模很小，而且主要集中在城市。到了明清，像是蘇州、南京等大城市中都可以見到糖果糕點製作的作坊，如明代南京城內有較大的糖食鋪戶約三十餘家；又如明人所

繪的「清明上河圖」中，就有專賣糖糕果品的店
鋪。清人徐揚所畫的「姑蘇繁華圖」中，也描繪
清代蘇州城內有糖果糕點店鋪六家。糖果糕點製
作業不只是在大城市內，在江南的市鎮也有商業化
與專業化的發展，如明代太倉州轄下的直塘市、清
代嘉定縣的外崗鎮與黃渡鎮等皆有生產這類食品。

　　至於像是蜜餞之類的果品加工業，在明清江
南的城市普遍存在。而且消費市場很大，甚至在
小說《金瓶梅詞話》中還可以看到杭州製作的「衣
梅」，遠銷至山東的情形。我們不應低估果品加工
業在明清江南食品工業中的地位，在清代浙西山
地的一些地方，甚至成為當地多數居民賴以謀生
的行業。如安吉、富陽二縣的烏梅製作很盛，「土
人間有借以資厥生」。

　　由此推測，婦女的奢侈消費對特定的產業著
實應有促進的作用；未來若從婦女消費與產業變
化這兩方面的關聯性出發多作研究，應該可以為
明清奢侈消費現象的歷史作用，作出更多元與更
公允的評價。

在明清城市中甜食的瓜果糕餅，隨處可見店舖販賣。
上圖為遼寧博物館藏明人繪之「清明上河圖」局部，
下圖為清人繪「姑蘇繁華圖」之局部。

參考書目

王日根，《明清小說中的社會史》，北京：中國財政
　　經濟出版社，2000 年。

王家範，〈明清江南消費風氣與消費結構描述——明
　　清江南消費經濟探測之一〉，《華東師範大學學
　　報 （哲學社會科學版）》，1988 年第 2 期，頁
　　41。

王書奴，《中國娼妓史》，上海：上海書店據生活書
　　店 1934 年版影印，1992 年。

王　崗，《浪漫情感與宗教精神——晚明文學與文化
　　思潮》，香港：天地圖書有限公司，1999 年。

王鴻泰，〈青樓名妓與情藝生活——明清間的妓女與
　　文人〉，收入熊秉真、呂妙芬主編，《禮教與情
　　慾——前近代中國文化中的後／現代性》（臺

北：中央研究院近代史研究所，1999年），頁
79–82。

伊永文，《明清飲食研究》，臺北：洪葉文化事業有
限公司，1997年。

衣若蘭，《三姑六婆——明代婦女與社會的探索》，
板橋：稻鄉出版社，2002年。

余英時，〈士商互動與儒學轉向——明清社會史與思
想史之一面相〉，收入郝延平、魏秀梅主編，《近
世中國之傳統與蛻變：劉廣京院士七十五歲祝
壽論文集》（臺北：中央研究院近代史研究所，
1998年），頁28–34。

吳存存，《明清社會性愛風氣》，北京：人民文學出
版社，2000年。

巫仁恕，〈明代士大夫與轎子文化〉，《中央研究院近
代史研究所集刊》，38期（2002年12月），頁
1–69。

巫仁恕，〈明代平民服飾的流行風尚與士大夫的反
應〉，《新史學》，10卷3期（1999年9月），頁

55–109。

巫仁恕，〈婦女與奢侈——一個明清婦女消費研究史
　　的初步檢討〉，《中國史學》，13 期（2003 年），
　　頁 69–82。

巫仁恕，〈晚明的旅遊活動與消費文化——以江南為
　　討論中心——〉，《中央研究院近代史研究所集
　　刊》，41 期（2003 年 9 月），頁 87–143。

李伯重，〈從"夫婦並作"到"男耕女織"——明清
　　江南農家婦女勞動問題探討之一〉，《中國經濟
　　史研究》，1996 年第 3 期，頁 99–107。

李伯重，〈"男耕女織"到"半邊天"——明清江南
　　農家婦女勞動問題探討之二〉，《中國經濟史研
　　究》，1997 年第 3 期，頁 10–22。

李伯重，《江南的早期工業化 (1550–1850)》，北京：
　　社會科學文獻出版社，2000 年。

李孝悌，〈十八世紀中國社會中的情慾與身體：禮教
　　世界外的嘉年華會〉，《歷史語言研究所集刊》，
　　72 卷 3 期（2001 年），頁 543–595。

林麗月，〈世變與秩序——明代社會風尚相關研究評述〉，《明代研究通訊》，4期（2001年），頁9–19。

林麗月，〈衣裳與風教——晚明的服飾風尚與「服妖」議論〉，《新史學》，10卷3期（1999年9月），頁111–157。

林麗月，〈晚明「崇奢」思想隅論〉，《國立臺灣師範大學歷史學報》，19期（1991年），頁215–234。

則松彰文，〈清代中期における奢侈・流行・消費——江南地方を中心として〉，《東洋學報》，80卷2期（1998年），頁31–58。

唐力行，《明清以來徽州區域社會經濟研究》，合肥：安徽大學出版社，1999年。

徐　泓，〈明代社會風氣的變遷——以江、浙地區為例〉，《第二屆國際漢學會議論文集：明清近代史組》（臺北：中央研究院歷史語言研究所，1989年），頁144–159。

徐　泓，〈明代後期華北商品經濟的發展與社會風氣

的變遷〉，《第二次中國近代經濟史研討會論文集》（臺北：中央研究院經濟研究所，1989 年），頁 152–154。

高彥頤，〈「空間」與「家」——論明末清初婦女的生活空間〉，《近代中國婦女史研究》，3 期（1995 年），頁 30–41。

高　翔，《近代的初曙——十八世紀中國觀念變遷與社會發展》，北京：社會科學文獻出版社，2000 年。

陳大康，《明代商賈與世風》，上海：上海文藝出版社，1996 年。

陳國棟，〈有關陸楫「禁奢辨」之研究所涉及的學理問題——跨學門的意見〉，《新史學》，5 卷 2 期（1994 年 6 月），頁 159–179。

陳國棟，〈經濟發展、奢侈風氣與傳統手工藝的發展〉，收入曹添旺等主編，《經濟成長、所得分配與制度演化》（臺北：中央研究院中山人文社會科學研究所，1999 年），頁 57–69。

陶慕寧，《青樓文學與中國文化》，北京：東方出版
　　社，1997 年。

鈔曉鴻，〈近二十年來有關明清「奢靡」之風研究評
　　述〉，《中國史研究動態》，2001 年第 10 期，頁
　　9–20。

馮天瑜，《明清文化史散論》，武昌：華中工學院出
　　版社，1984 年。

維爾納・桑巴特著，王燕平等譯，《奢侈與資本主
　　義》，上海：上海人民出版社，2000 年。

趙世瑜，〈明清以來婦女的宗教活動、閑暇生活與女
　　性亞文化〉，收入氏著，《狂歡與日常：明清以
　　來的廟會與民間社會》（北京：三聯書店，2002
　　年），頁 259–296。

趙榮光，〈青樓與中國古代飲食文化〉，《趙榮光食文
　　化論文集》（哈爾濱：黑龍江人民出版社，1995
　　年），頁 614–627。

謝陶坊，《中國市民文學史》，成都：四川人民出版
　　社，1997 年。

Paul Ropp 著，梁其姿譯，〈明清婦女研究——評介最近有關之英文著作〉，《新史學》，2 卷 4 期（1991 年 12 月），頁 77–116。

Bray, Francesca, *Technology and Gender: Fabrics of Power in Late Imperial China*, Berkeley: University of California Press, 1997.

Brook, Timothy, *The Confusions of Pleasure: Commerce and Culture in Ming China*, Berkeley: University of California Press, 1998.

de Vries, Jan, "The Industrial Revolution and the Industrious Revolution," *The Journal of Economic History* 54.2 (June 1994): 251–252.

Mann, Susan, *Precious Records: Women in China's Long Eighteenth Century*, Stanford: Stanford University Press, 1997.

McKendrick, Neil, "Home Demand and Economic Growth: A New View of the Role of Women and Children in the Industrial Revolution," in Neil

McKendrick, ed., *Historical Perspectives: Studies in English Thought and Society, in Honour of J. H. Plumb* (London: Europa Publications, 1974), pp. 199–200.

McKendrick, Neil, Brewer, John and Plumb, J. H., eds., *The Birth of a Consumer Society: The Commercialization of Eighteenth-Century England*, London: Europa Publications, 1982.

Pomeranz, Kenneth, *The Great Divergence: China, Europe, and the Making of the Modern World Economy*, Princeton, N.J.: Princeton University Press, 2000.

文明叢書15

華盛頓在中國──製作「國父」

潘光哲／著

「國父」是怎麼來的？是選舉、眾望所歸，還是後人封的？是誰決定讓何人可以登上「國父」之位？美國國父華盛頓的故事，在中國流傳，被譽為「異國堯舜」，因此中國也創造了一位「國父」── 孫中山，「中國華盛頓」。

文明叢書 16

生津解渴──中國茶葉的全球化

陳慈玉／著

大家知道嗎?原來喝茶習慣是源於中國的,待茶葉行銷全球後,各地逐漸衍生出各式各樣的飲茶文化,尤其以英國的紅茶文化為代表,使得喝茶成為了一種生活風尚,飄溢著布爾喬亞氣息,並伴隨茶葉貿易的發展,整個世界局勢為之牽動。「茶」與人民生活型態、世界歷史的發展如此相互牽連,讓我們品茗好茶的同時,也一同進入這「茶」的歷史吧!

文明叢書 17

林布蘭特與聖經
──荷蘭黃金時代藝術與宗教的對話

花亦芬／著

在十七世紀宗教改革的激烈浪潮中,林布蘭特將他的生命歷程與藝術想望幻化成一幅又一幅的畫作,如果您仔細傾聽,甚至可以聽到它們低語呢喃的聲音,就讓我們隨著林布蘭特的步伐,一起聆聽藝術與宗教的對話吧!

文明叢書 18

救命——明清中國的醫生與病人

涂豐恩／著

這是三百年前的世界，人們同樣遭受著生老病死的折磨。不同的是，在那裡，醫生這個職業缺乏權威，醫生為了看病必須四處奔波，醫生得面對著各種挑戰與詰問。這是由一群醫生與病人共同交織出的歷史，關於他們之間的信任或不信任，他們彼此的互動、協商與衝突。